JN440535

양치기의 달력

양치기의 달력

에드먼드 스펜서 지음
이진아 옮김

한국문화사

양치기의 달력: 열두 달에 맞춘 열두 편의 목가

발행일	2013년 12월 25일 초판 인쇄 2013년 12월 30일 초판 발행
지은이	에드먼드 스펜서
옮긴이	이 진 아
펴낸이	김 진 수
펴낸곳	**한국문화사**
등 록	1991년 11월 9일 제2-1276호
주 소	서울특별시 성동구 아차산로 3(성수동 1가) 502호
전 화	(02)464-7708 / 3409-4488
전 송	(02)499-0846
이메일	hkm7708@hanmail.net
홈페이지	www.hankookmunhwasa.co.kr

책값은 뒤표지에 있습니다.

ISBN 978-89-6716-109-3 03840

이 연구는 2013년도 한국외국어대학교 교내학술연구비의 지원에 의하여 이루어진 것임

양치기의 달력: 열두 달에 맞춘 열두 편의 목가

학식과 기사도의 모든 칭호에 지극히 맞갖으신

고귀하고 고매하신

필립 시드니 경께.

■ 옮긴이의 글

3년 만에 에드먼드 스펜서의 '어머니 케임브리지'(『페어리 여왕』 4.11.34.7)를 다시 찾았다. 라틴어에도 능했을 그가 (우리말로 "모교"라 흔히 번역되는) 라틴어 'alma mater' 대신 'My mother Cambridge'라고 한 표현에는 모국어인 영어와 7년여 세월을 보낸 케임브리지에 대한 그의 깊은 애정이 동시에 묻어나는 듯하다. 석사 시절 스펜서의 『양치기의 달력』을 처음 접하고 받은 충격은 아직도 생생하다. 영문학에 입문한 지 4~5년 된 상태에서 중세풍의 영어로 쓰인 너무 어려운 스펜서 작품을 읽느라 고군분투하던 나는 영어에 대해, 영문학에 대해 절망감을 느꼈다. 시간이 흐르고 나서 미국유학시절 은사님에게서 영어를 모국어로 쓰는 사람들도 스펜서 영어는 이해하기 매우 어렵다는 말씀을 듣고 그 충격적인 기억을 어느 정도 치유할 수 있었다. 하지만 영문학을 공부한 지 사반세기를 훌쩍 넘었어도 여전히 그의 영어는 쉽지 않다.

스펜서가 살았던 시기(?1554-1599)는 영문학사에서 르네상스라 분류되는 1500년에서 1660년까지 기간의 중심에 놓여있다. 16세기 초부터 잉글랜드는 튜더 왕가를 중심으로 절대왕권을 강화하면서 유럽 선진국들로부터 르네상스와 인문주의 그리고 종교 개혁의 정신을 받아들이며 자국의 정체성 확립을 위해 용트림을 하고 있었다. 여러 가지 면에서 유럽의 변방국이었던 잉글랜드는 엘리자베스 1세 여왕 즉위(1558) 후 스페인 무적함대를 무찌르면서 유럽에서 정치적 군사적인 입지를 굳히고 아일랜드를 식민지화하며 적극적으로 국력을 신장시켜나가고 있었다.

16세기 초에 잉글랜드에 유입된 르네상스 운동에서 나타나는 중요한 특징 중의 하나는 자국어 교육에 대한 강조였다. 국가적 민족적 정체성에 언어의 중요성이 얼마나 큰지는 일제 강점기 때 일본이 우리말 억압정책을 쓴 것을 보면 잘 알 수 있다. 중세부터 유럽에서 국제 통용어는 라틴어였고, 르네상스 시기에는 고전 그리스어, 라틴어 저술들이 발굴되어 읽히면서 그리스어, 라틴어 교육이 대학을 통해 확산되었다. 지금이나 그때나 외국어 습득은 그리 쉬운 일이 아니어서 그리스어나 라틴어를 모르는 사람을 위해 고전 작품의 번역이 많이 이루어졌다. 특히 종교개혁과 더불어 라틴어나 그리스어 성경을 자국어로 번역하는 것은 평민의 신앙 계몽에 깊은 관심을 둔 종교 개혁가들에게 매우 중요한 일이었다. 이렇게 언어에 대한 전반적인 관심과 더불어 자국어에 대한 관심은 커졌고, 민족적 정체성을 확립하려고 노력한 유럽 각 나라의 인문주의자들은 자국어를 그리스 로마 고전 작품과 견줄 수 있는 작품을 쓸 수 있는 언어로 갈고 다듬는 일에 매우 깊은 관심과 노력을 기울였다.

스펜서가 교육받은 머천트 테일러 학교의 초대 교장인 인문주의자 리처드 멀카스터도 영어를 라틴어에 못지않은 훌륭한 언어로 만드는 것을 교육의 제 일 목표로 삼았다. 사실 노르만 정복(1066) 이후 잉글랜드에서는 불어와 라틴어가 지배계층과 지식인들의 언어였고, 14세기 말에 이르러서야 궁정에서 영어가 공식적으로 사용되기 시작하였다. 그동안 그리고 그 이후에도 영어는 평민과 그 이하의 사람들의 언어, 조선 시대 언문이라 불리던 한글과 같은 대접을 받았다고 할 수 있다. 멀카스터의 교육을 받은 스펜서는 영어에 대한 관심과 사랑을 키웠을 것이며 그 관심과 사랑은 이후 케임브리지 대학교 시절에도 이어졌다. 케임브리지 대학교의 펨브로크 홀 시절부터 매우 친하게 지낸 가브리엘 하비는 당시 자국어 문학의 열풍에 열렬한 관심이 있었고, 스펜서와 하비가 주고받은 편지들은 이들이 모국어인 영어를 뛰어난 문학 언어로 발전시키는 주제에 대해 많은 의견을 나누었음을 잘 보여준다. 이렇게 스펜서는 영어를 고전 언어에 버금가는 문학 언어로 성장시키려는 관심과 논의의 영향을 지속해서 받으며 잉글랜드의 베르길리우스가 되는 꿈을 키워나갔을 것이다. 『양치기의 달력』(1579)에서 시작된 스펜서의 잉글랜드 민족 시인으로서의 포부는, 이 목가시의 「10월」에서 미리 암시되듯이, 이후 서사시 『페어리 여왕』(1590, 1596)을 통해 완성된다. 이 서사시는 엘리자베스 여왕 시대의 종교, 역사, 사회, 정치 등 여러 방면에서 잉글랜드의 열망과 비전을 문학적으로 집대성하였고, 영국 르네상스 시문학을 대표하는 작품으로 후대에 많은 영국 시인에게 영향을 주었다.

『양치기의 달력』에 주석과 주해를 달고 머리말을 쓴 이 케이도 스펜서를 '옛 시인' 초서의 뒤를 잇는 '새 시인'이라고 부르고 있지만, 『양치기의 달력』은 르네상스 영문학의 시작을 알리는 작품이다. 옮긴이가 이 작품을 번역하게 된 것은 스펜서와의 오랜 인연에서 출발했다. 석사와 박사 논문을 모두 스펜서에 대해서 특히 『페어리 여왕』에 대해 쓴 옮긴이로서는 스펜서의 첫 작품인 『양치기의 달력』부터 우선 번역하고 싶었다. 옮긴이는 이 작품의 번역을 통해, 현대 대한민국의 독자가 시간적으로 공간적으로 언어적으로 참으로 긴 여행을 해야만 만날 수 있는 스펜서가 르네상스 잉글랜드를 대표하는 시인으로서 문학(시)에 대해, 자신의 모국어인 영어에 대해 그리고 시인의 정체성에 대해, 삶과 사회에 대해 어떤 생각과 포부로 등단하였는지 중세풍 영어에 익숙하지 않은 한국의 많은 독자와 나누고 싶었다. 젊은 스펜서의 시인으로서의 꿈과 포부와 희망을 담은 이 작품은 사랑, 우정, 나이 들어감, 종교적 혹은 사회적 정치적 부패에 대한 비판, 삶과 죽음에 대한 성찰 등의 주제를 서양 고전 문학 장르인 목가시의 전통 속에서 그리고 일 년이라는 시간의 변화 속에 맞추어 재미있게 다루어 간다. 『양치기의 달력』은 현대 한국의 독자가 이해하기 어렵지 않은 목가시 형태로, 시대와 공간에 매이지 않는 질문들, 즉 문학이 언어의 예술이라면 그 언어는 어떤 종류의 언어인가, 작가는 언어가 예술이 되기 위해 어떤 노력을 할 수 있는가, 우리말이 언어 예술의 훌륭한 매체가 되도록 우리는 어떤 노력을 할 수 있는 가 등등의 질문을 던지며 우리에게 다가온다. 그래서 한국의 어느 작가가 이 작품의 형식과 주제로부터 영감을 받아 일 년 열두 달에 맞춰 혹은 사계절에 맞춰 한국 현대인의 삶과 문학을 조명해볼 수도 있지 않을까 하는 바람을 조심스럽게 가져본다.

이 작품의 번역 방식에 대해 간략히 설명을 덧붙이면, 번역에서 이 작품을 쓴 스펜서의 어휘 선택방식을 우선 존중하였다. 스펜서는 초서를 시인의 모범으로 삼아 초서풍의 중세 영어 단어와 어휘를 많이 발굴하여 영어를 갈고 다듬고 그 어휘를 풍성하게 하여 세계적인 문학 언어로 발전시키는 실험을 많이 하였다. 그 결과 옥스퍼드 영어 사전에는 그가 만들어 처음 사용한 단어, 새로운 특별한 의미를 부여하여 사용한 기존 단어, 그의 저술로부터 인용된 단어 등이 8,500여 개에 이른다. 그는 첫 출간시인 『양치기의 달력』에서부터 라틴어나 프랑스어에서 유래한 영어 단어들이 아니라 사회적으로 낮은 계층의 양치기들 수준에 맞춰 앵글로 색슨 영어 고유의 단어와 어휘들을 많이 찾아내고 만들어 내어 사용하고 있다. 스펜서 당시에도 거의 쓰이지 않던 영어 고어 단어들과 어휘로 가득 찬 작품인지라 동시대인들도 이 시를 읽기 힘들었다. 그래서 스펜서가 이 시를 헌정했던 필립 시드니 경조차 「시의 변호」에서 스펜서가 이 시에서 쓴 의도적인 고어체를 '옛 시골말'이라고 불만을 표시하기도 했다.

옮긴이는 『양치기의 달력』을 번역하면서 스펜서가 자신이 원하는 의미와 운율 등을 살리기 위해, 외국어에서 영어로 굳어진 단어 대신 순 영어를 변형시켜 쓴 단어와 표현 그리고 토박이 영어 단어들을 순우리말로 번역하고자 노력하였다. 예를 들어, 스펜서는 「6월」 103행(번역 작품의 행수)에서 '유혹하다'라는 의미로 라틴어에서 유래한 'seduce' 대신 중세 영어인 'underfong'을 'seduce'의 의미로 영어에서 처음 사용하고 있다. 그래서 '유혹'이라는 한자어가 들어 있는 우리말 대신 순우리말 '꼬여내다'로 번역해보았다. 또 「9월」 243행에서 '마음을 산란하게 하다'는 뜻으로 앵글로색슨어에서 유래한 영어인 'forhaile'이 라틴어에서 유래한 'distract' 대신 사용되고 있다. 그래서 번역에서도 '산란'이라는 한자어 대신 순 우리말로 '흩어 어지럽게 하는'으로 번역하였다.

430여 년 전에 쓰였으면서 의도적으로 그 보다 150여 년 전의 중세풍 고어체로 쓰인 이 고전 작품을 번역하면서 가졌던 또 하나의 고민은, 독자들이 시대적 공간적 차이를 느끼도록 원문의 문법, 구문을 그대로 살려 껄끄럽고 어색한 투로 번역할 것인가 혹은 매끄럽고 자연스러운 현대어로 이 시를 만들어낼 것인가 하는 것이었다. 만일 스펜서의 고어체 말투를 우리말로 살리고자 한다면, 우리나라 조선 시대 초기의 말투로 돌아가야 하는데 조선시대 초기의 말투를 옮긴이가 알 수도 없을 뿐 아니라 그럴 경우 현대 한국의 독자들이 이 작품에 다가가기는 더 어려울 것으로 생각되었다. 그래서 옮긴이는 현대 우리말 표현을 쓰되 번역 언어의 다소 거친 결이 느껴지더라도 원문이 지닌 문학적 비유, 상징, 의미 등을 정확하고 충실하게 살리는 번역을 중요시했고, 현대 한국 독자도 대중 매체를 통해 친숙하여 크게 거부감이 없을 고어체 말투를 자주 사용하여 이 작품에서 강조하고 있는 언어와 작품 형식의 고전적인 성격을 전달하고자 하였다.

그렇다고 해서 옮긴이가 번역 작품의 가독성을 덜 강조하는 것은 결코 아니다. *The Shepheardes Calender*는 우리말로 번역함으로써 이제 『양치기의 달력』이 된다. 영어로 쓰인 작품이라 하더라도 번역가의 작업을 통해 우리말로 번역되었을 때에 그 작품은 우리의 작품, 우리말 작품이 될 수 있고 또 그렇게 되도록 번역되어야 한다고 생각한다. 외국 문학 번역가는 외국 문학의 많은 보물을 우리 문학의 보물로 만드는 사람이라 생각한다. 영어와 우리말의 차이를 생각할 때 번역 과정에서 영어 원문의 많은 것이 사라질 수 있지만, 영어에는 없는 우리말이 가진 많은 보배로움을 담은 작품이 재탄생될 수 있다. 스펜서가 영어를 세계적인 언어로 만들고자 기울인 정성과 사랑과 노력은 후대 영국 문인들에게도 이어졌고 이후 수백 년에 걸친 그 전통이 영문학을 세계의 문학으로 만든 가장 큰 힘이라는 것을 『양치기의 달력』 번역 과정 중에 매우 깊이 느낄 수 있었다. 그리고 우리 문학을 외국어로 번역하는 작업과 더불어, 외국의 문학 보물들을 한글로 공들여 캐오는 정교하고도 고된 번역작업은 궁극적으로 우리의 문학과 우리의 글을 세계화하는 데 중요한 의미를 가질 수 있다는 확신이 들었다. 이런 생각들과 더불어 부족한 능력을 다하여 *The Shepheardes Calender*를 우리말로 쓴 『양치기의 달력』으로 재탄생시켜보고자 고심했다. 옮긴이에게 있어 이번 번역작업은 아름다운 영어 문장을 표현하는데 부족하지 않은 우리말 어휘의 풍요로움과 우리말 자체가 가진 음악성을 새삼 느낀 기회였고, 번역의 중요성에 대해 깊이 생각할 기회가 되었다.

16세기 잉글랜드에서는 영어의 철자나 발음과 의미, 쉼표, 마침표, 영시의 운율과 형식, 장르, 시어 등 영어와 영시의 매우 많은 것이 고정되거나 확립되지 않고 실험되는 과정 중에 있었다. 그래서 스펜서는 그리스어, 라틴어의 운율과 다른 영어식 운율과 리듬을 찾고자 자신의 작품 속에서 여러 가지 실험을 하였다. 영시를 우리말로 번역하자면 어쩔 수 없이 포기해야 하는 점이 많은데, 스펜서를 '시인 중의 시인', '시인의 군주'로 만든 그의 시어의 다양한 음악적 효과를 영어와 한글의 차이 때문에 거의 살릴 수 없는 것이 가장 안타깝다. 스펜서의 시의 형식적 실험 정신을 염두에 두고 『양치기의 달력』을 우리말로 번역하면서 그가 실험한 운율과 리듬을 어떻게 우리말로 살릴까 고심하여, 번역에서 내내 맞추기는 힘들었지만, 우리 시조의 정형시 운율들, 3.4, 4.4 혹은 일본에서 들여와 정착된 5.7조에 맞춰 번역하고자 하였다. 그리고 스펜서는 각 목가의 소재와 주제에 따라 연의 행수에도 세심한 신경을 써서 다양한 행수의 연을 사용한다. 따라서 그가 각 목가에서 시도한 주제에 따라 사용한 연의 행수는 그대로 살려 번역하였다. 스펜서가 운율과 의미 전달을 위해 사용한 쉼표, 마침표 등은 원작대로 표기하여도 상관없을 듯한 곳에는 그대로 표기하였고, 원작대로 표기할 경우 번역시에서 호흡이 너무 길어지거나 짧아지고 또 의미 전달이 매끄럽지 않을 경우 옮긴이의 판단에 따라 쉼표와 마침표를 찍었다. 우리말에서 쓰지 않는 콜론이나 세미콜론의 경우에는 쉼표나 마침표로 대신하였다.

원작에는 매 목가마다 이 케이의 주제 해설이 목가 앞에 그리고 주석, 주해들이 뒤에 붙어있다. 각 목가의 내용을 요약 설명하는 주제는 모두 번역하였다. 그런데 주석과 주해의 많은 부분이 당시 독자들에게도 어려운 고어에 대한 설명인데, 우리말로 번역되는 과정에서 이미 그 의미가 번역되므로 그것들은 번역하지 않았다. 대신 번역 작품에서 설명이 필요하다고 생각되는 부분에는 옮긴이가 주석과 주해를 달거나 이 케이의 것을 번역하여 달았는데 그 경우에는 (E.K.)라고 주석 끝에 출전을 밝혀놓았다.

『양치기의 달력』이 한글로 처음 번역되어 출간되는 데 여러분의 도움을 받았다. 무엇보다, 생소하고 대중성도 크게 기대할 수 없을 것 같은 영국 르네상스 시대 고전 작품의 번역 출간을 선뜻 맡아 준 한국문화사에 대한 고마운 마음이 크다. 그리고 더위와 장마가 악순환을 거듭한 올해 한국의 여름에 소중한 시간을 쪼개 독자의 입장에서 원고를 읽어주고 귀한 의견을 준 윤선경 교수, 조은기 선생, 우지숙 선생, 김수현에게 마음 깊이 고마움을 전한다.

2013년 8월 15일,
케임브리지, 클래어 홀에서
옮긴이 이진아 씀.

■ 차례

책에게

　가라, 작은 책아,
귀한 신분과 기사도의 으뜸 모범이신 그분께,
이름 없는 아비의 자식으로
너를 바치어라.
혹 저 질투가 너를 보고 짖으면,
분명 짖을 테니, 도움을 찾아 달아나
　그분 날개 그늘 아래로 들고,
누가 너를 낳았나 물으시면,
어느 시골 양치기가 떠도는 양 떼 치며
너를 노래했다 하여라.
그리고 경께서 너를 읽으실 때,
내 대담함을 간절히 용서 청하여라.
　하나 만일 누가 네 이름을 물으면,
허물로 태어난 천한 자라,
네 이름을 부끄러이 여긴다 하여라.
그러고 나서 위험을 벗어나면 와서 말해다오,
나에 대해 뭐라 하는지.
그러면 더 많은 노래를 뒤이어 보내리라.

자격 없는 자.

추천의 글

지극히 훌륭하고 박식한

웅변가요 시인인 가브리엘 하비[1] 선생께,

시인의 매우 특별하고 각별한 친구 이 케이[2]가

그의 노고의 산물인 이 시의 좋은 점과

새 시인의 후원을

천거합니다.[3]

---

[1] 가브리엘 하비(1545 – 1630). 하비는 스펜서가 다녔던 케임브리지 대학, 펨브로크 홀(현재 펨브로크 칼리지) 의 교수로 재직하였는데, 아마 이때부터 두 사람 사이의 깊은 우정이 시작되었을 것이다.

[2] 이 케이(E.K.)라고 이름 첫 글자로 자신을 밝히고 있는 이 작품의 주석가는 누구인지 명확하게 밝혀지지 않았다. 스펜서를 잘 알고 있는 친구이거나 혹은 가명을 쓴 스펜서 자신일지도 모른다는 추측이 있지만 확실하지 않다. 이 케이는 스펜서를 "옛 시인" 제프리 초서의 뒤를 이어 르네상스 영문학의 시작을 알리는 "새 시인"으로 소개하고 있다.

[3] 당시에 글을 출판하는 경우 이렇게 추천의 글이나 편지들을 작품 앞에 머리글처럼 붙이곤 했는데, 이것은 그 글을 후원하고 권위를 부여하기 위해서였다. 이 작품에는 이 케이의 추천의 글, 작품 전체에 대한 개론, 주석과 주해가 붙어있는데, 주석과 주해는 고전 작품에 붙이는 것이 관례였다. 따라서 이 작품의 주석과 주해는 이 작품을 고전 작품과 같은 수준의 작품으로, 스펜서를 베르길리우스나 초서와 같은 뛰어난 작가로 소개하려는 의도를 담고 있다.

"알려지지 않아, 입맞춤 받지 못했네."[4] 하고 유명한 옛 시인 초서는 말했습니다. 참으로 뛰어난 스승이요 훌륭한 초서 학자인 리드게이트[5]는 시작(詩作)에 있어 초서의 우수성과 놀라운 재주를 평하여 그를 '영어의 북극성'이라 부르고, 콜린 클라우트는 목가시에서 그를 양치기들의 신 티티루스라 부르며 그의 가치를 로마의 티티루스, 베르길리우스의 가치에 견주었습니다. 좋은 벗 하비 선생, 이 인용 구절은 저 옛 시인 초서가 판다루스의 저속한 뚜쟁이 짓을 북돋우려 사용한 목적과 잘 맞습니다. 또한, 우리 새 시인에게도 아주 잘 맞습니다. 이 시인도 (초서가 말한 것처럼) 알려지지 않아 대부분 사람에게 입맞춤을 받지 못했고 무명이며, 소수 사람에게서만 인정을 받습니다. 그러나 그의 이름이 사람들에게 알려지고 그의 가치가 명성의 나팔 소리로 울리자마자 곧 모든 사람이 그에게 입 맞출 뿐 아니라 그를 사랑하며, 지극히 지위 높은 사람들이 그를 포옹하고 최고의 사람들이 그를 두고 경탄할 것을 저는 의심치 않습니다. 또한, 그의 시적 창안 재능, 간결하고 함축적인 말솜씨, 사랑에 대한 참으로 아름다운 한탄, 즐거움에 대해 참으로 즐겁게 주고받는 이야기, 목가적 순박함, 도덕적 현명함 등은 그런 대접을 받을 만합니다. 그리고 그가 도처에서 적절히 지키는 시의 격식 즉, 인물, 계절, 소재, 어법에서 또 전반적인 소재 처리와 말 표현의 매우 적절한 단순함에서 적합한 격식 또한 못지않게 그런 대접

[4] 초서의 『트로일루스와 크리세이드』(I. 809)에서 인용.

[5] 존 리드게이트(c. 1370 – c. 1451). 잉글랜드의 수도자이자 시인.

을 받을 만한 가치가 있다고 생각합니다. 그의 작품에는 낯선 점이 많은데, 그중에서 시어가 가장 낯설고 이상하게 보일 것이라는 점을 잘 알고 있습니다. 시어 자체는 참으로 고어체지만, 단어들의 엮여 짜임은 매우 짧으면서도 복잡하며, 노랫말의 문장으로서의 완결성과 조합은 그 완벽함으로 큰 즐거움을 주고 또한 낯설어서 매우 위엄이 있습니다. 먼저, 이 작품의 시어에 관해 이야기하자면, 시어들이 어렵고 대부분 사람이 사용하지 않는 것이라는 점은 인정하지만, 영어이고, 또한 가장 뛰어난 작가들과 가장 저명한 시인들이 사용한 것들입니다. 이 시인이 그들에 대해 많이 깊이 생각하면서 철저하게 읽었으니, (저 저명한 웅변가 키케로가 말했듯이) 비록 걷는 이유가 다르더라도 햇빛 속에 걷노라면 볕에 타는 것은 당연하여, 저 옛 시인들의 소리가 그의 귀에 계속 울리고 있으니 그가 노래할 때 당연히 그 가락 중 몇몇 부분이 떠오르지 않았겠습니까. 그런데 그가 그 시어를 우연히 습관적으로 그렇게 사용하든 혹은 양치기들의 시골스런 투박함에 가장 적합하다고 생각하여 그 목적으로 선택한 것이든 간에, 그 거친 소리는 그의 운율을 더 깔끄럽고 시골스럽게 만들고 있습니다. 또는 그런 오래된 폐어들은 시골 사람들이 가장 많이 사용하기 때문에, 제 생각에는 분명히 그리고 제 생각이 틀림이 없다고 보는데, 시에 대단한 아름다움과 누군가 말했듯이, 권위를 부여할 것입니다. 하지만 다른 많은 결점 중에, 발라[6]는 리비[7]가 사용한 고어체 시어에 반대하였고, 또 어떤 이는 살루스트[8]의 고어체에 대해 특히 반대한 바 있습니다. 그런 시어들은 지나친 탐구로 인해 아주 오래된 것인 양 보이고 그럼으로써 오랜 연륜이 주는 신뢰와 명예를 탐내기 때문입니다. 하지만 저는 리비와 살루스트 두 분에게 있어 저 중후한 고어들은 위대한 장식이라고 보는데, 최고의 학식을 갖춘 이들도 저와 같은 견해를 가지고 있다고 생각합니다. 리비는 그의 글에서 고대성이 가진 영원한 이미지를 제시하려고 각고의 노력을 하였고, 살루스트는 심각하고 중요한 소재들에 대해 진중하게 논의를 전개했습니다. 그분들이 고어를 쓴 이유는, 제 기억이 잘못된 것이 아니라면, 툴리가 완벽한 웅변가의 모범을 제시하려고 애쓴 책에서[9], 고어를 자주 사용하는 것은 문체를 진중하게 보이고 존경스럽게 만든다고 말했기 때문입니다. 이는 우리가 어떤 종교적인 배려 차원에서 노인에 대해 가진 경의와 존경과 다르지 않습니다. 하지만 작품의 모든 곳을 고어로 잔뜩 채워서는 안 되고, 저속한 방언과 너무 변질된 말투로 채워 마치 오래된 건물들처럼 무질서하게 허물어져 가는 듯 보이게 해서도 안 됩니다. 그런데 가장 정교한 그림들에서 보듯이, 고어는 미인의 멋진 생김새를 멋있게 그리는 데 사용될 뿐 아니라, 그녀를 둘러싼 거친 덤불과 험준한 바위 절벽에 그늘을 드리우게 하는 데도 사용되어, 그런 부분들의 투박함으로 인해 주요한 부분

---

[6] 로렌티우스 발라(c.1407-57). 고전 문헌 연구로 잘 알려진 이탈리아 인문주의자, 수사학자, 교육자.

[7] 티투스 리비우스 파타비누스(59 BC-AD 17). 로마의 역사가.

[8] 가이우스 살루스티우스 크리스푸스(86-c. 35 BC). 로마의 역사가.

[9] 마르쿠스 툴리우스 키케로(106-43 BC)의 저서 『웅변가에 대하여』. 키케로는 영어로 때로 툴리라 불린다.

인 미인은 더욱더 뛰어나게 됩니다. 그 이유는, 어떻게 해서 그런지는 모르겠지만, 우리는 보통 그런 자연스러운 투박함의 모습을 특히 좋아하고 그 무질서한 질서에 큰 즐거움을 가지기 때문입니다. 심지어 저 투박하고 거친 말들은 휘황찬란하고 근사한 말이 가진 광채를 빛나게 하고 더 분명히 나타나게도 합니다. 그래서 흔히 음악의 불협화음이 고운 화음을 만들어 내는 것입니다. 훌륭한 시인 알케우스[10]는 사지가 잘 연결되어 균형이 잘 잡힌 몸에서 흠을 보고는 매우 크게 기뻐한 적이 있습니다. 그러나 만일 누군가 이 시인이 잘 쓰이지 않는 고어들을 선택한 목적을 경솔하게 비난하려 든다면, 그 무분별한 투박함을 판단하거나 조심성 없는 조야함을 비난하는데 있어서는 제가 더 정당하게 그를 비난하고 나무랄 수 있습니다. 왜냐하면, 다른 사람들은 궁수가 조준한 곳에는 주목하지 않고 얼마나 멀리 쏠 것인지나 비판할 것이기 때문입니다. 제 견해로는, 이 시인이 공헌한 많은 것 중 특별히 찬사를 받을 만한 점 한 가지는, 오랫동안 사용되지 않아 거의 깨끗이 폐적(廢嫡)된 그런 좋은 토박이 영어 단어들을 우리의 올바른 유산으로 회복시키고자 노력해온 점입니다. 그런 폐적으로 인해, 우리의 모국어, 진정 그 자체로 산문에 맞게 완전하고 운문에 맞게 위풍당당한 영어는 오랫동안 산문과 운문을 쓰기에 가장 헐벗고 황량한 언어로 간주되어 왔습니다. 어떤 사람들은 이 결점을 고치고 보완한답시고,

---

10 그리스 서정시인(c. 621BC- c. 580BC). 여류시인 사포와 동시대인.

프랑스어에서 이것 빌려 오고 이탈리아어에서 저것 빌려 오고 라틴어에서 이것저것 빌려 와서, 그 말들이 그 자체로도 매우 어울리지 않을 뿐 아니라 우리말과는 훨씬 더 어울리지 않는다는 것을 재보지도 않고 외국어 조각들과 누더기들로 영어에 난 구멍들을 누덕누덕 기웠습니다. 그리하여 이제 영어를 외국어들의 잡동사니 혹은 뒤범벅으로 만들어 놓았습니다. 또 어떤 사람들은 영어를 아마도 다른 언어들만큼 좋다고 여기지 않기 때문에, 이 작품의 고어가 매우 자연스럽고 의미 있음에도 불구하고 그것은 영어가 아니고 횡설수설이거나 옛날 에반데르[11]의 어머니가 쓰던 말과 같은 그런 것이라고 냅다 소리를 지릅니다. 그 사람들은 전혀 부끄러워하지 않지만, 그들이 제일 먼저 부끄러워해야 할 점은 자신들의 모국어를 낯선 사람, 이방인 취급을 하는 것입니다. 그들의 첫 번째 못지않은 두 번째 수치는, 자기들이 이해하지 못하는 것은 바로 의미가 없는 것으로, 전혀 이해될 만하지 않은 것으로 여긴다는 것입니다. 이것은 이솝 우화에서 두더지가 자기가 눈이 멀었기 때문에, 어느 짐승이나 볼 수 있다는 사실을 어떤 식으로도 이해할 수 없다는 점과 매우 비슷합니다. 마지막으로 이 두 가지보다 더 수치스러운 것은, 그들이 조국과 모국어의 젖을 먹고 자랐음에도 불구하고 그것들에 대해 너무 낮은 평가를 하고 잘못된 판단을 하여

---

[11] 에반데르는 "좋은 사람"이란 뜻으로, 아이네아스 보다 먼저 그리스 아카이디아 에서 이탈리아로 건너온 사람이라고 하는데, 베르길리우스는 에반데르가 아이네아스를 도와주었다고 한다(『아이네이드』 8.51-54). 여기서는 전설적 인물 에반데르의 어머니가 사용한 말을 대표적인 고어로 언급하고 있는 것으로 보인다.

모국어를 갈고 닦아 아름답게 만들 노력을 스스로 하지도 않을 뿐 아니라, 모국어를 외국어로 치장해야 한다고 불평하고 있다는 점입니다. 마치 자신은 건초를 먹을 수 없으면서도 정말 먹고 싶어 하는 배고픈 수송아지에게 짖어대며 여물통 안에 들어있는 개 같은 사람들입니다. 그들의 똥개 근성으로 볼 때 짖어대지 못하게 할 수는 없고 물지 않는 것이 고마울 따름입니다.

자, 이제 문장 간의 엮여 짜임에 대해 살펴보면, 문장의 엮여 짜임이란 문장의 연결요소와 구성요소, 그리고 어휘의 전체적인 조합을 일컫는데, 그 짜임새가 거칠지 않고 깔끔하게 구성되고 딱딱하지 않고 학식이 있으며, 실로 소수가 감지할 수 있고 다수가 이해할 수는 있지만 오직 학식 있는 사람들만이 판단할 수 있도록 그렇게 엮여 있습니다. 대부분 잉글랜드 문인은 느슨하게, 말하자면 짜임새 없이 문장을 엮는데, 이 작가는 문장을 매우 탄탄하고 섬세하게 구성하며 단단하게 함께 묶어 엮어 짜고 있습니다. 이 점에 있어, 저는 천박한 엉터리 시인 패거리(두운 맞추기를 좋아하는 이들)를[12] 경멸하고 싫어하는데, 이들은 학식도 없으면서 허세 부리고, 판단력도 없이 듣기 좋으라고 댕그랑거리고, 사리판단도 없이 격분하고

[12] 여기서 이 케이는 두운 맞추기 좋아하는 시인들을 조롱하기 위해, '천박한 엉터리 시인 패거리'를 영어 원문에서는 두운을 맞춰 'the rakehellye route of our ragged rymers'라고 부르고 있다. 두운을 맞춰 원문을 읽으면 이들 시인들이 떠들어 대는 와글거림이 울리는 듯하다.

거품을 물며, 마치 시적 정신의 어떤 영감에 새로이 사로잡혀 자신들이 평범한 재능의 조악함을 넘어선 것처럼 시를 씁니다. 그리하여 온갖 화려함으로 치장된 문장을 써내려가는 도중에, 갑자기 소재나 각운이 부족하거나 아니면 이전의 사고의 흐름을 잊어버리게 되면, 그들은 기억해내려고 너무 노력하고 애를 쓰는데, 그것이 마치 산고 중에 있는 여인이나 황홀경이 덮칠 때 바로 저 피씨아[13] 같습니다.

열변을 토하는 입과 격렬한 심장을 통제하여 . . .

하지만 그런 자들은 어느 신의 이름으로 자신들의 우둔함이나 먹고 살면서 다른 이들의 영광의 빛줄기들을 어둡게 하지 않도록 그냥 내버려 둡시다. 콜린으로 말하자면, 이 시인은 이 인물 속에 자신을 숨기고 있는데, 콜린이 다음 인용문에서 말하고 보여주는 것은 그런 과시적인 제목들과 장엄한 겉치레 둘 다로부터 얼마나 거리가 멉니까.

뮤즈들에 대해, 호빈, 난 아무것도 모르네. 그리고,
내 불안을 그리는 것으로 족하네 . . .

---

[13] 델포스의 아폴로 신전에 있던 여사제. 아폴로에게서 영감을 받아 허무맹랑한 신탁을 뱉어 내는 이교신 여사제의 행동에 엉터리 시인들의 무분별한 시적 열정을 비유하고 있다.

그리고 이 시인은 비천한 이름으로 등장하여 그 이름에 어울리지 않게 위대한 주제를 천명하기보다는 오히려 넌지시 드러내기로 택한 듯합니다. 그래서 그는 다른 시보다 목가시를 쓰기 원했는데, 그것은, 그럴 필요는 거의 없는데 아마도 그가 자신의 재능을 의심했거나, 혹은 영어로 쓰인 목가시들이 별로 없어서 모국어로 이 목가시를 쓰려는 마음 때문일 것입니다. 혹은 그가 목가시를 쓴 것은 처음에 자신의 능력을 시험해볼 때 이제 막 둥지에서 기어 나와 더 크게 비상하기 전에 먼저 조금씩 연약한 날갯짓을 해보는 어린 새처럼, 낮은 계층에 관한 소재와 소박한 방식의 이 장르의 글을 창안한 최고로 훌륭한 고전 시인들의 모범을 따른 것입니다. 테오크리투스[14]는 이미 날개털이 온전히 다 났다는 것을 알 수 있는 상황에서도 그런 식으로 날아올랐습니다. 베르길리우스[15]도 아직 날개가 편하지 않았지만 그런 식으로 날아올랐습니다. 만투안[16]도 날개가 온전히 건강하지 않았지만 그런 식으로 날아올랐습니다. 보카치오[17]도 그랬고 마로[18], 사나자루스[19] 그리고 이탈리아와 프랑

---

[14] 테오크리투스(c.310~250 BC). 목가시를 창시한 그리스 시인.

[15] 푸블리우스 베르길리우스 마로(70~19 BC). 흔히 베르길리우스라 불림. 로마 아우구스투스 황제 시절의 시인. 오랫동안 특히 르네상스 시대에 그가 『목가시』, 『농경시』, 서사시 『아이네이드』로 나아간 시작(詩作) 궤적은 르네상조 시대에 시인들이 밟아야 할 시인 경력의 모델로 간주되었다.

[16] 밥티스타 스파누올리 만투아누스(1447-1516). 이탈리아 인문주의자, 시인.

[17] 지오바니 보카치오(1313~75). 이탈리아 르네상스 시대의 시인, 인문주의자. 『데카메론』의 저자.

스 두 나라의 다른 여러 뛰어난 시인들도 그랬습니다. 이 시인은 이 작품의 곳곳에서 그 시인들의 발자취를 따르고 있지만 후각이 아주 발달한 소수의 독자만이 그 흔적을 찾아 냄새를 맡을 수 있습니다. 그리하여 마침내 이 새 시인은 큰 날개가 거의 자라지 않았음에도 불구하고 최고 시인들과 곧 나란히 날 수 있을 그런 새처럼 날아올랐습니다.

자 이제, 이 목가시의 전체적인 흐름과 목적에 대해서는 시인이 감추려고 노심초사하고 있기에 제가 많은 이야기를 하지 않겠습니다. 이 점만은 작품에서 나타나는데, 굴레 없던 젊은 시절 그는 누구나 들어서는 사랑의 미로에서 오랫동안 방황했고, 그때의 정열의 열기를 누그러뜨리고 완화하려고, 아니면 (그가 말하듯이) 젊은 양치기들, 즉 그와 같은 불행한 어리석음을 똑같이 겪은 이들과 친구들에게 경고하기 위하여, 이 열두 목가들을 엮어 열두 달의 상황에 따라 맞추고 이 새로운 작품에 『양치기의 달력』이라는 옛 이름을[20] 붙였습니다. 거기에 제가 고어와 어려운 구절들을 설명하기 위해 주석이나 주해를 좀 붙였습니다. 주석을 달고 설명하는 것이 우

---

[18] 끌레망 마로(1496~1544). 르네상스 시대 프랑스 시인.

[19] 야코포 사나자로(1458~1530). 나폴리 출신의 이탈리아 인문주의자, 시인.

[20] '양치기의 달력'은 16세기 잉글랜드 지역에서 출판되었던 양치기들을 위한 안내서 역할을 하는 일종의 연감. 작품이 양식 면에서 베르길리우스의 목가시를 모방하였고 중세부터 내려온 양치기들의 연감에서 제목을 따왔지만, 주제에 있어서는 그러한 예스런 것을 새롭게 한 내용을 담고 있다는 의미이다.

리말 작품에서는 낯설고 드물다는 것은 잘 알고 있습니다. 하지만 속독되는 과정에서 단어와 소재 둘 다에 있어 많은 훌륭하고 적합한 시적 장치들이 알려지지 않거나 주목되지 않은 채 지나쳐 버리게 됩니다. 다른 일에서도 그렇지만 이런 일에서 우리나라 지식인들이 다른 나라들의 지식인들 못지않다는 것을 알고 있습니다. 그래서 제가 그와 좀 친한 지인인지라 그의 다른 여러 작품과 이 작품의 그런 시적 장치들 속에 있는 생각과 깊은 의미를 알게 되어서, 제가 수고를 하는 것이 좋겠다고 생각했습니다. 이 점을 널리 알리는 것은 그가 그다지 싫어하지 않을 것이라고 알고 있습니다. 이렇게 저는 그와의 우정을 두고 큰 모험을 하고 있는데, 그가 출간에 있어 오랫동안 매우 소원(疏遠)했었지만, 이번 기회에 『꿈』, 『전설』, 『큐피드의 궁전』[21]과 다른 여러 작품처럼 침묵 속에 잠들어 있는 자신의 다양한 다른 우수한 작품들도 출간하기를 바랍니다. 이 작품들에 대해 찬사를 보내는 것은 정말 쓸데없는 일이며, 많은 이들이 알 가치가 있지만 아직 소수에게만 알려진 작품들입니다. 제 이 수고가 누군가에게 만족스럽거나 도움이 될런지는 선생께서 평가해 주십시오. 선생의 다방면의 훌륭함에 대한 존경의 마음에서 또 달리 무엇보다 선생께 특별히 보답하고자, 저의 이 노고와 우리 두 사람의 친구인 시인의 첫 시를 선생께 드립니다. 시인은 이미

---

[21] 이 케이는 이 작품들을 스펜서의 작품들이라고 여기서 언급하고 있으나, 현재 전해지지 않는다.

머리말에서 이 작품을 모든 학식의 특별한 애호가요 보존자시며 고귀하고 훌륭하신 분, 존경하는 필립 시드니 경께 헌정한 바 있습니다. 그러니 청하건대 선생, 만일 시기심으로 인해 어떤 그릇된 비난이 일어나면 선생의 웅장한 수사력과 귀한 학문적 재능으로 가능한 한 변호해주시고, 이 시인의 타오르기 시작한 영광의 불꽃으로 불붙을 너무나 많은 적의 악의와 분노에 대항하여, 당연히 그러시겠지만, 선의로 방어해주십시오. 그런 고로 저는 이 작품의 저자를 선생께 가장 각별한 좋은 벗으로 천거하고, 두 분을 너무나 좋은 훌륭한 벗들로 특별히 여기는 사람으로 저를 두 분께 천거하는 바입니다. 두 분께 온 마음으로 하직 인사를 드리고, 선생과 선생의 지극히 찬사 받을 학문을 가장 위대하신 분의 가르침에 맡겨드립니다.

선생의 진정한 벗 이 케이.

추신

하비 선생, 선생의 특별한 벗들과 동료 시인들의 행동들을 보고 혹은 선생에게만 적합한 화관을 낚아채는 너무나 많은 무가치한 이런저런 이들의 시기심으로 인해, 선생의 감추어 놓은 너무나 많은 훌륭한 영시들을 이제는 혐오스러운 어둠에서 빼내어 영원한 빛을 보게 하라는 제 설득을 선생이 받아들여야 한다고 믿습니다. 저를 믿으십시오. 선생은 바라던 자손을 작품들에게서 빼앗아 작품과 그 후손[22] 모두에게 큰 잘못을 하셨고, 선생이 응당 받을 찬사를 덮어버려 선생 자신에게 큰 잘못을 하셨으며, 제 생각에, 창의성이나 웅변력 둘 다에 있어 매우 절묘하고 참으로 우수한 선생의 라틴어 시들에 대해 사람들이 이미 누린 그런 신성한 즐거움을 선생의 호방한 영시들에 대해서는 주지 않으셔서 모든 사람에게 큰 잘못을 하신 것입니다. 그럼 이제 다시 선생께 하직인사 드립니다.

런던 숙소에서, 1579년 4월 10일.

[22] 여기서 자손, 후손은 하비의 작품들을 읽고 영향을 받은 다른 시인들이 쓸 시작품들을 의미한다고 생각된다.

작품 개관

기원이 되는 최초의 목가시들에 대해서는 제가 이미 다루었으니 그것에 대해 전반적인 이야기를 할 필요는 거의 없기를 바랍니다. 하지만 제가 알기에 대부분의 사람이 목가(Aeglogues)라는 말을 알지 못하고, 또한 몇몇 최고의 지식인들도 (그들이 생각하는 대로) 잘못 알고 있어서, 당면한 제목적에 전혀 무관하지 않기에 그 단어에 관해 이야기를 좀 하고자 합니다.

그리스인들이 목가시를 최초로 창안하였고 Aeglogai는, 말하자면 [*aigon 염소*] 혹은 [*aigonomon 염소*] + [*logoi 이야기*], 즉 염소치기들의 이야기를 의미합니다. 베르길리우스나 다른 시인 작품들에서는 화자들이 염소치기들이라기보다는 양치기들이기는 하지만, 베르길리우스보다 더 많은 권위의 기반을 가지고 있고 그가 자신의 전체 목가시를 창안하는 데 있어 최초의 기원이요 샘이며 특히 유래가 되었던 테오크리투스의 작품들에서는 염소치기들이 등장인물과 화자들입니다. 그러므로 학식 있는 체하는 것의 역겨움을 보지 못하는 사람들은 그 작품들을 Eclogai,[23] 말하자면 쓸

---

[23] 이 케이는 중세와 르네상스 때 aeglogues의 철자가 (a)eclogues로 잘못 쓰인 것에 대해 이야기하고 있다. eclogue는 '선택', '선별'을 의미한다.

데없는 소재에 대한 특별한 이야기라고 부르는 것이 더 옳다고 믿게 하려 들지만, 이 정의는 소재와 의미에 있어서는 목가시의 성격과 일치해도 목가(Aeglogues)라는 단어에 관한 분석과 해석과는 조금도 맞지 않습니다. 왜냐하면, 목가시는 Eclogues가 아니라 Aeglogues라고 불러야 하기 때문입니다. 이 점을 이 시인은 매우 잘 알고 있는데 제대로 판단을 잘한 것입니다.[24] 실제로 소수의 염소치기들이 이 작품에 등장하며, 시인은 그들이 이미 사용하고 있고 또 가장 잘 알려진 염소치기라는 이 이름을 주저 없이 사용하고 있습니다. 다른 흥미로운 이야기들은 더 중요한 기회에 하도록 남겨 놓겠습니다. 이 열두 개의 목가들은 열두 달에 들어맞는데 세 가지 형식 혹은 종류로 분류될 수 있습니다. 첫째, 여섯째, 열한 번째 그리고 열두 번째 목가는 한탄시 혹은 여가시로 사랑의 문제나 특정 인물에 대한 칭송의 주제를 담고 있습니다. 그리고 대체로 냉소적인 씁쓸함이 약간 섞인 도덕시, 즉 노년에 걸맞은 존경에 대한 두 번째 목가, 위장된 위선에 대한 다섯 번째 목가와 방탕한 양치기와 사목자들에 대한 일곱 번째와 아홉 번째 목가, 시와 즐거운 재능에 대한 경멸을 다루는 열 번째 목가는 도덕적 목가들입니다. 이 분류에 이 작품 안의 모든 것을 적절히 적용할 수 있습니다.

---

[24] 이 작품의 영어 제목은 *The Shepheardes Calender, Conteyning twelue AEglogues proportionable to the twelue moncthes*로, 여기서 이 케이는 스펜서가 이 작품을 eclogue가 아니라 Aeglogues라고 부른 것이 정확한 것이라고 말하고 있다.

제가 알 수 없는 특별한 목적과 의미를 담은 몇 가지만을 제외하고 말입니다. 이것이 이 열두 목가의 전체적인 그림입니다. 이제 모든 노래를 개별적으로 다루겠는데, 우선 제일 첫 목가에 대해 이야기하겠습니다. 이 목가는 첫 달의 이름을 따 1월이라 부르는데, 한해의 시작을 1월이라고 하는 점에서 시인이 한해가 시작되지 않는 달로 잘못 시작하는 것으로 흉한 잘못을 저지른 듯이 보일 수 있습니다. 왜냐하면, 한해의 시작은 3월이라는 것이 잘 알려진 사실일 뿐 아니라, 학자들이 강력한 이유를 들어 완강히 그렇게 주장하는 바이기 때문입니다. 3월에 태양은 완주한 경로를 다시 시작하고 계절적으로 봄이 대지를 새롭게 하고 닳아 없어진 죽은 겨울의 슬픔 속에 묻혀있던 기쁨이 이제 되살아나기 때문입니다. 옛 점성가들과 철학자들, 즉 존경하는 안달로[25], 농신제를 즐기던 마크로비우스[26]가 이 견해를 주창하였고, 또한 그리스인들과 로마인들도 일반적으로 그렇게 지켰습니다. 그러나 이 학식 깊은 어르신들의 허락 없이도, 이교 철학자들이 착안할 수 있었던 것보다 더 특별한 연유로, 우리는 한해를 1월부터 세는 관습을 지키고 있습니다. 그 이유는 전능하신 구세주요 영원하신 구원자 주님 그리스도, 부패한 세상의 상황을 새롭게 하고 끝난 세월의 기간을 다시 이전 상

---

[25] 안달로네 델 네그로(c. 1270 – 1342). 제노아 귀족이었으며 뛰어난 천문학자.

[26] 마크로비우스 암브로시우스 테오도시우스. 기원 후 5세기 경 로마인으로『농신제』(農神祭)의 저자.

태와 첫 시작으로 돌리시며 지난해의 마지막이요 다음 해의 시작에 당신의 유산, 당신 탄생의 기념을 우리에게 남겨놓으신 주님의 육화 때문입니다. 이 계산법은 우리 구원의 저 영원한 기념비라는 점에 덧붙여, 특별한 판단에 의한 것이라는 좋은 증거를 가지고 있습니다. 옛날에 한 해의 계산이 이후 줄리어스 시저의 계산처럼 아직 완전하지 않았을 때, 사람들은 3월을 시작으로 일 년의 달을 계산하였고, (성경에 쓰인 것처럼) 그에 따라 하느님은 유대인들에게 우리가 3월이라 부르는 아빕월을 첫 달로 간주하여 그 달에 당신이 그들을 이집트 땅에서 구해내신 것을 기념하라고 명하시기는 했습니다. 하지만 이후 시대의 전통에 따라 교회 통치나 가장 강대한 제국들의 통치하에서는 다른 계산방식이 지켜져 왔습니다. 왜냐하면, 줄리어스 시저 때부터, 윤년이라 부른 해를 처음 지키고 그리스인들이 "삽입된 날들"[27]이라 부른 가끔 종잡을 수 없는 날들을 더 확실하게 만들었기 때문입니다. 로마의 "윤년"(저는 이런 지식의 문제에서는 지식인의 용어를 사용하지 않을 수 없습니다)의 달들은 열두 달인데, 로물루스의 첫 칙령

[27] 그리스어로 hyperbainontes. 지구가 태양을 한 번 공전 하는 주기를 기준으로 하는 태양력에서는 1년을 365일로 계산하지만 실제 공전 주기는 365일 5시간 48분 46초가 걸리므로, 태양력에서 그 나머지 시간을 모아 4년마다 한 번 2월을 하루 늘린다. 그리고 태음력에서는 1년을 354일로 정하므로 계절과 역월(曆月)을 조절하기 위하여 19년에 일곱 번, 5년에 두 번의 비율로 1년을 13개월로 하여 윤년을 만든다. 이렇게 윤일이나 윤달이 삽입되는 윤년이 포함되는 달력을 라틴어로는 intercalares(윤년, 윤달, 윤일. 문자 그대로는 "삽입달력")이라 불렀다.

에서는 열 달이었고 매 해는 340일로 3월에 시작하였습니다. 그런데 고대 로마의 모든 예식과 종교의 아버지인 누마 폼필리우스는 그 계산이 태양이나 달의 운행과 일치하지 않다는 것을 알고 그 달력에 두 달, 1월과 2월을 덧붙였습니다. 현명한 왕은 정당한 근거로 한 해를 1월로 시작하기로 정하였고, 그리하여 왕은 말하자면 한해의 야누스, 한해의 문과 입구, 혹은 고대 이교도들이 세상에 새로 생겨나는 만물의 탄생과 시작으로 여겼던 야누스 신의 이름에 한 해의 시작과 첫 출입구를 배정한 듯한데, 이 계산법이 대체로 지금까지 이어져 왔습니다. 이집트인들은 한해를 9월에 시작하는데, 최고 랍비들의 견해와 성경 자체의 목적에 따르면 하느님은 이스라엘 백성들이 티슈리[28]라 부르는 달에 세상을 창조하셨습니다. 그래서 하느님께서는 이스라엘 백성들에게 한해의 끝에, 이전에는 첫 달이었던 일곱째 달의 보름날에 초막절 축제를 지내도록 명령하셨던 것입니다.[29] 그러나 우리 시인은 로마 달력의 절묘함이나 이집트 달력의 오랜 연륜도 고려하지 않고, 1월부터 한 해를 시작하는 것이 가장 적합하다고 생각하고 있습니다. 양치기가 너무 심오한 통찰을 필요로 하는 문제를 이해하고 있거나

[28] 티슈리는 유대력에서 한해의 첫 달이며, 로마력에서는 대체로 9~10월 사이에 해당된다.

[29] 초막절은 이스라엘 백성들의 광야 생활을 기억하기 위한 절기인데, 이스라엘 백성들이 이집트에 살았으므로 이집트인들의 한해 계산법에 따라 로마력으로 9~10월에 해당되는 시기를 한해의 첫 달로 삼았던 것 같다. 이후 3월을 한해의 시작으로 하는 계산법에 의하면 티슈리는 일곱째 달이 된다.

판단이 매우 모호한 사례를 철저히 조사하는 것은 아마도 시의 격식에 맞지 않는다고 간주한 듯합니다. 그래서 시인은 상식적으로 단순히 이해하여 1월에서 시를 시작하여 계속 이어갑니다.

양치기의 달력

1월[30]

목가 1

•주제

첫 번째 목가에서는 양치는 젊은이 콜린 클라우트가 로잘린드라는 시골

30 매 달 목가에는 천도 십이궁(十二宮)에 따른 각 달의 별자리와 시 내용의 핵심을 보여주는 목판화가 실려 있다. 1월 목판화 왼쪽 위에는 1월의 별자리 물병자리의 상징이 있고, 목가 마지막에 콜린이 피리를 부러뜨리듯이 콜린의 발아래에는 부러진 피리 조각들이 보인다.

아가씨를 최근(인 듯한데) 연모하게 되어 불행한 사랑에 대해 한탄하고 있다. 그는 강렬한 연모의 정으로 인해 너무 아프고 힘들어 자신의 근심에 찬 상황을 한 해의 우울한 시절에, 서리 내린 땅에, 얼어붙은 나무들에, 겨울에 시달리는 양 떼에 비유한다. 마지막에 그는 예전의 즐거움과 기쁨을 모두 빼앗긴 것을 알고 피리를 산산조각내고 땅에 엎드러진다.

콜린 클라우트[31]

어느 양치는 젊은이[32]가 (영락없는 양치기 젊은이),
겨울의 황량한 기운이 거의 다하고,
햇살 찬란히 빛나는 날이 오자,
우리에 오래 갇혔던 양 떼를 몰고 나왔네.
양들은 우리에서 몹시 쇠약해져 기력이 없어,
이제 두 발로 몸을 지탱할 힘도 없었네.

---

[31] 콜린 클라우트는 많이 쓰이지 않는 이름이지만, 스켈튼의 시들에 등장하는 것을 본 적이 있다. 그러나 사실 콜린이란 말은 불어이며, 프랑스 시인(만일 그가 시인이라는 이름의 자격이 있다면) 마로가 자신의 어느 목가에서 사용했다. 베르길리우스가 티티루스라는 이름 속에 자신을 때로 숨겼던 것처럼, 이 시인은 이 이름 속에 자신을 숨기고 있는데, 그런 라틴어 이름들은 너무 사실성이 없으므로 이 이름이 훨씬 더 적합하다고 생각한다(E.K.).

[32] 원문에는 'boy'로 되어 있는데 '목동' 혹은 '양치는 소년'을 의미한다기보다는, 여기서 그리고 이 작품의 다른 곳들에서 'boy'는 젊은이 혹은 친구를 부를 때 쓰는 친근한 표현이다.

양치기의 안색도 바로 이런 양 같았어라.
그 얼굴은 창백하고 파리하니 (아아 그간에)
사랑이나 어떤 근심이 있는 것 같았네.
그는 피리를 아주 잘 불고, 시를 아주 잘 지었지.
곧 그는 허약한 양 떼를 언덕으로 몰고 가서,
양들이 풀을 뜯는 동안 이렇게 한탄했네.

사랑의 신들이여, 연인의 고통을 동정하여,
(어느 신이시든 연인의 고통을 동정하시면,)
기쁨을 누리시는 저 위에서 굽어보사,
제 애절한 작은 노래에 귀 기울이소서.
양치기들의 판 신이시여, 한때 사랑하셨으니,[33]
당신이 몸소 경험한 고통을 동정하소서.

척박한 땅아, 겨울의 분노로 황량하니,
내 곤경을 보도록 비추는 거울이구나.

[33] 판 신은 아카디아의 님프 시링크스를 사랑하게 되어 쫓아갔으나 그녀는 그에게서 도망치고 신들은 그녀를 갈대로 만들었다. 그래서 판은 님프 대신 갈대를 가지고, 잃어버린 사랑을 기억하여 피리(즉 판 플루트)를 만들었다(E.K.).

예전에 상쾌한 봄이 너를 꽃피우고, 이후 서둘러
당당한 여름이 수선화로 너를 차려 입혔지.
이제 시절이 눈보라 치는 겨울이 되니,
최근에 너를 숨겨 가려주던 덮개를 망쳐놓았구나.

겨울과 같은 격정이 내 마음을 지배하니,
내 생명의 피는 무정한 추위로 얼어붙누나.
폭풍 같은 이 격정이 고통스러운 아픔을 낳으니,
마치 내 세월은 허비되고 늙은 듯하네.
그런데 아아, 나의 봄은 이제 시작했을 뿐인데,
그런데 아아, 나의 봄은 이미 끝나버렸구나.

헐벗은 나무들아, 그늘을 만들어 주던 잎들이 다 졌구나.
그 속에 새들이 둥지를 틀곤 했었지.
이제 네 봉오리가 피우던 꽃송이 대신,
이끼와 허연 서리 옷을 입었구나.
가지에서 비처럼 쏟아지는 네 눈물,
그 방울들은 처량한 고드름으로 남아있구나.

싱싱하던 내 잎도 말라 시들고,

때맞춰 피어날 내 봉오리는 모두 슬픈 울음으로 상해버렸네.
내 청춘의 가지에 달렸던 꽃송이는,
내쉰 한숨으로 멀리 날아가 시들고,
내 눈에서는 가랑비 눈물이 흘러 내리니,
네 가지에 달린 고드름 같구나.

기운 없는 양들아, 털은 거칠어 갈라지고,
부실하게 먹고 굶어 무릎이 허약하구나.
이 부실한 보살핌이 잘 증명하는 것은
네 주인의 근심 가득한 마음이라.
허약한 너희, 수척한 나, 야윈 너희, 외로운 나,
슬픔으로 수척해진 나, 수척해져 슬퍼하는 너희.

이웃마을을 간절히 보고 싶어 하며,
근심에 찼던 저 시간을 저주하노라, 수천 번을.
또한 그녀와 같은 아름다운 모습을 보고
내가 빠진 혼란과 고통의 시간을 축복하노라, 수만 번을.
허나 다 소용없어라. 그 모습이 내 괴로움을 키웠으니.
아 하느님, 사랑이 기쁨과 고통 둘 다 키우다니요.

내가 한탄하는 것은 호비놀 때문이 아니네,
비록 그가 매일 내 사랑을 구하지만.[34]
새끼 양, 과자 그리고 철 이른 과일,
그의 이런 촌스러운 선물과 호의들은 우스울 따름,
아 어리석은 호비놀, 자네 선물들은 소용이 없네,
나는 그것들을 다시 로잘린드[35]에게 주거든.

---

[34] 호비놀은 꾸며낸 시골이름으로 아주 평범하고 흔하지만, 이 이름 속에 시인의 매우 특별하고 가장 친한 벗, 시인이 전적으로 각별히 사랑하는 벗으로, 아마 앞으로 더 널리 알릴 그런 사람이 감추어져 있는 듯하다. 여기서는 난잡한 사랑의 기미가 좀 나타나는데, 학식 있는 이들은 이를 동성애라고 부른다. 그러나 저자가 의미하는 사랑은 그런 사랑이 아니다. 왜냐하면 플라톤의『알키비아데스』,『제노폰』,『소크라테스의 막시무스 티리우스』라는 대화록을 읽은 사람은 누구나 특히 소크라테스가 사용한 그런 의미의 사랑이 많이 허용되고 사랑받았다는 것을 쉽게 감지할 수 있다. 소크라테스는 참으로 알키비아데스를 극진히 사랑하는데 알키비아데스 그 사람이 아니라 그의 영혼, 바로 그의 자아를 사랑한다고 말한다. 그러므로 동성애는 여성에 대한 욕정으로 불타게 하는 이성애보다 훨씬 선호되어야한다. 그러나 어느 누구도, 내가 여기서 금지된 부도덕한 육욕의 저주스럽고 끔찍한 죄들을 옹호하여 루씨안이나 그의 사악한 제자 우니코 아레티노의 편을 든다고 생각하지 않기 바란다. 이들의 가공할 오류에 대해서는 페리오니우스와 다른 이들이 전적으로 반박한 바 있다(E.K.).

[35] 로잘린드 또한 꾸며낸 이름인데 잘 붙여진 이름으로 시인의 사랑과 연인을 나타내며, 시인은 그녀를 이 이름으로 꾸미고 있다. 오비드가 그의 연인을 코리나라는 이름 안에 숨겼는데, 어떤 이들은 코리나가 아우구스투스 황제의 딸이요 아그리파의 아내인 줄리아라고 추정한다. 아룬티우스 스텔라는 도처에서 그의 연인을 아스테리스와 잔티스라고 부르지만, 스타티우스가 축혼가에서 입증하듯이, 그녀의 본명은 비올란틸라로 잘 알려져 있다. 그리고 이탈리아에서 귀감이 되는 저명한 마돈나 첼리아는 자신의 편지들에서 지마라는 이름 속에 자신을 숨기고 페트로나는 벨로키아라는 이름 속에 숨는다. 이렇게 인물들을 숨기고 이름을 꾸미는 것은 대체로 일반적인 관례이어 왔다(E.K.).

나는 이 아가씨를 사랑하는데 (아 왜?)
버림받았네, (아 왜 나는 버림받았나?)
그녀는 내 호의를 받아주기보다 책망하고,
내 시골음악을 경멸하네.
그녀는 양치기의 재주를 뱀처럼 싫어하고,
콜린 클라우트의 노래를 우습게 여긴다네.

내 피리야, 준엄한 판은 즐겁게 해도,
내가 가장 원하는 사람은 즐겁게 못하누나.
불행한 뮤즈여, 생각에 잠긴 내 마음을
위로하곤 하더니, 제때에 위로를 못하누나.
피리와 뮤즈 모두 다 잠시 유익할 뿐이라.
그래서 그는 귀리 피리를 부수고, 죽은 듯 누워버렸네.

그즈음, 저무는 태양 포이부스는
지친 마차를 낮게 몰고, 이제 서리 내리는 밤이
검은 덮개로 하늘을 덮기 시작하였네.
이를 보자, 상심한 젊은이는 원망에 차
일어나, 볕 쬔 양들을 집으로 몰고 가니,
목 쑥 빠진 양들은 그의 근심에 찬 상황을 슬퍼하는 듯하여라.

콜린의 엠블럼[36]

'아직은 희망이'[37]

[36] 엠블럼은 도덕적 교훈이나 의미를 담고 있는 그림, 상징을 말하는데, 여기서는 모토라는 의미로 보는 것이 적절하다.

[37] 엠블럼 혹은 시구는 여기서는 이탈리아어로 되어 있는데, "아직은 희망이"란 극심한 열정과 불운한 사랑에도 불구하고 시인은 아직 희망에 기대며 다소 위안을 받는다는 의미이다(E.K.).

2월[38]

목가 2

•주제

이 목가는 어떤 비밀스런 혹은 특별한 목적보다는 오히려 도덕적이고

[38] 물고기자리 2월 목판화에는 위쪽 가운데에 물고기가 보이고, 오른쪽 젊은 양치기와 왼쪽 늙은 양치기가 논쟁을 하고 있다.

일반적인 주제를 다룬다. 특히 이 목가는 커디라는 어느 버릇없는[39] 가축치기 젊은이로부터 구부정하고 기운 없다고 멸시받는 늙은 양치기 테놋이라는 인물이 들려주는 노인 이야기를 담고 있다. 이 소재는 이제 한 해가 힘없이 늘어지고 있으니, 즉 마지막 시기를 향해 가는 이 달의 계절과 매우 잘 들어맞는다.[40] 왜냐하면 일 년 중 이 시기처럼, 마르고 시들게 하는 한기가 우리 몸에도 들어, 피를 얼어붙게 하고 운명의 폭풍우와 근심의 허연 서리에 시달린 육신을 얼게 하기 때문이다. 그래서 노인은 떡갈나무와 들장미 이야기를, 마치 눈앞에 어떤 그림을 보듯, 이보다 더 분명하게 볼 수 없을 정도로 매우 생생하고 감동적으로 이야기한다.

커디

　아 제발, 지독한 겨울은 맹위를 떨치며,
이 세찬 강풍을 절대 누그리지 않으려나?

---

39 원문에는 "unhappy"인데, 현재는 쓰이지 않으나 17세기까지 쓰였던 "말썽부리는" "못된" "버릇없는" "말 안 듣는"(OED)의 의미로 여기에 쓰이고 있다.

40 앞서 작품 개론에서 이 케이는 스펜서가 한 해를 3월이 아니라 1월에 시작한 것에 대해 변호한 바 있다. 그런데 여기서 2월이 한 해의 마지막을 향해간다는 표현은 마치 3월이 한 해의 시작인 듯한 인상을 준다. 하지만 달력이 아니라 계절의 순환의 관점에서 한 해를 볼 때, 봄은 시작이고 겨울의 마지막 달에 해당하는 2월이 계절의 순환과정 상 "마지막 시기"라는 의미이다.

매섭고 차가운 바람이 내 피부를 때리며,
온통 내 몸을 뚫고 들어오는 것 같네.
지친 수송아지는 모두 부들부들 떨며,
마치 지진 때 높은 탑에 있는 듯하네.
전에는 바람 속에 꼬리를 공작처럼 으스대며
요리조리 흔들더니 이제 축 늘어뜨렸구나.

테놋[41]

게으른 젊은이, 자넨 겨울의 재난이
자네를 우울하게 한다고 사납게 불평하는구먼.
세상이 늘 흘러가는 과정이란 게,
좋았다 나빴다, 나빴다 더 나빴다,
더 나빴다 제일 나빴다, 그러고선
다시 이전 타락 상태로 돌아오는 게 아닌가?
누가 폭풍이 몰아치는 시간을 겪지 않는가,
그 사람이 활기찬 봄까지 어디서 살겠나?
나 말일세 육십 년을 살았어,
어떤 때는 큰 기쁨으로, 많은 경우 큰 눈물로.

---

[41] 마로의 목가에 등장하는 양치기 이름(E.K.).

하나 난 결코 추위도 더위도,
여름 열기도, 겨울 위협도 불평치 않았네.
운명의 적이 된 적도 절대 없고,
유순치 않게 오는 걸 유순히 받아들였지.
언제나 내 양 떼가 가장 큰 걱정,
겨울이나 여름이나 양들이 잘 지내는 거 말일세.

커디

테놋 어른, 혹 어르신께서 겨울의 격노한 활기를
활기차게 견디지 못하시면 놀랍지 않아요.
노년과 겨울은 한기와 추위로,
구부림과 찌푸림으로 서로 잘 어울리지요.
날씨가 점점 시무룩해지며 찡그리듯,
어르신도 단식 날처럼 찡그리신 듯합니다.
하지만 피어나는 제 청춘은 서리의 적이고,
제 배는 폭풍우에 시달리는 데 익숙지 않거든요.

테놋

한번 난파당한 사람이 다시 난파당하면,
대양의 제왕 넵튠을 부당하게 비난하지.
그렇게 니들 조무래기 가축치기들은 빈둥대며,

짐승들을 봄꽃이 핀 관목 속에서 키우지.
그리고 찬란한 태양이 한 번 웃으면,
니들은 바로 봄이 왔다 여기지.
니들 어리석은 파리들은 추위를 멸시하고,
덜 여문 귀리 피리로 까마귀소리를 내며,
자기들이 한 해의 제왕이라 생각하지.
하나 니들이 공포에서 해방되었다 여긴 그때,
우글쭈글 서리 낀 이랑 가득하고,
주름진 이마를 한 냉랭한 겨울이 와서,
무서운 폭풍의 화살을 쏘아대면,
피는 얼어붙고 심장은 뜨끔대지.
그러면 니들의 걱정 없던 담력도 꺾이고,
근심에 찬 가축들은 추위에 시달리지.
그러면 니들은 울고 불며 비참하게,
그 자만심의 값을 치르게 될게야.

커디

아 어리석은 노인장, 피어나는 제 청춘을
망치려는 그 논리가 우습네요.
보아하니, 어르신 연세 드셔서
녹슬고 썩어 뇌가 상했나 봐요.

아니면 어르신 정신이 정말 오락가락,
머리는 구부정한 어깨 위에 잘못 붙었고요.
이제 나무 잔가지와 꼭대기 모두 잃어버리니,
어르신은 막 싹튼 제 가지도 자르려 하시네요.
하지만 어르신도 젊은 시절, 지금 저처럼,
다른 즐거움에 끌리곤 하셨잖아요.
어르신도 사랑 노래 배우시고,
연인 장갑도 찬양 하시고.
필리스[42] 찬가를 피리 부르곤 하셨지요.
한데 필리스는 앞으로 오랜 나날 제 것이지요.
저는 나팔이 빙 둘러 가며 양각 세공된,
황금 허리띠로 그녀를 얻었어요.
그런 아가씨가 양치기들을 정말 즐겁게 하고,
그런 아가씨가 어르신을 다시 젊게 하지요.

테놋

자넨 바보야, 자네 사랑을 자랑하다니,

[42] 누군지 알 수 없는 어느 아가씨 이름으로, 커디가 사랑한 신원이 숨겨진 아가씨. 이 이름은 테오크리투스, 베르길리우스, 만투안의 작품들에서 흔하게 나타난다(E.K.).

사랑에 바친 건 모두 잃어버릴 게야.

커디

보세요, 저기 수소가 얼마나 자랑스레, 정말 소답게,
정말 매끈하게, 귀를 쫑긋 세우고 있는 지를?
뿔은 무지개처럼 넓게 휘어지고,
목 아래 처진 살은 켄트의 아가씨처럼 부드럽지요.
소가 콧바람을 어떻게 내는지 보세요.
저 놈 마음이 사랑에 있다 생각지 않으세요?
어르신 양들은, 어르신 충고가 그렇듯이,
정말 활기 없고, 정말 허약하고 기운 없고,
추위를 입고 서리로 허옇네요.
어르신 양들의 아비는 힘을 잃었어요.
젖통이 부풀어 있던 암양들은,
곡하는 과부들 마냥 목이 늘어져 있고.
올 초 일찍 태어난 양들은 추위로 굶주렸는데,
모두 그 주인이 늙고 기운이 없기 때문이지요.

테놋

커디, 자네 뭘 거의 모르는군,
텅 빈 머리로 이렇게 쓸데없이 생각을 펴니.

젊음이란 숨을 불어 만든 비눗방울이라,
그 지성은 약하고, 그 대가는 죽음이고,
그 길은 광야이고, 그 숙소는 참회이며,
멋진 청년을 굴복시키는 노년은 슬픔의 접대자라네.
한데 자네에게 진리 하나 이야기해줄까?
젊은 시절 켄트의 언덕에서
티티루스[43]의 양을 치며 그에게 배운 걸세.

커디

테놋 어른, 그분이 지은 이야기를 듣는 것보다,
제 마음이 더 끌리는 일은 없어요.
그 어른께서 말씀하신 건 뭐든지,
정말 좋은 가르침과 지혜를 담고 있지요.

테놋

그분은 청춘에 적절한 이야기를 많이 하셨어.
사랑 이야기도 기사도 이야기도 하셨지.

---

[43] 추측컨대 티티루스는 초서를 의미하는데, 그의 이름에 대한 기억이 살아있고 시라는 이름이 살아있는 동안 초서의 재미있는 이야기들에 대한 찬사는 죽지 않을 것이다 (E.K.).

한데 지금 이보다 더 적절한 이야기는 없을 게야.
자 잠시 귀 기울여 끝까지 들어보게.

푸른 초원에 고목이 한 그루 있었네.
고목은 한때 훌륭한 떡갈나무였고,
아주 튼튼한 팔을 크게 펴고 있었네만,
지금은 그 나뭇잎을 다 벗어버렸네.
그 몸통은 크고 굳건히 땅에 자리 잡고,
완전히 뿌리 내려 키가 엄청나게 컸었지.
그 나무는 한때 들판의 왕이라,
많은 도토리를 농부에게 생산해주고,
견과열매로 많은 돼지들을 살찌웠어.
하나 이제 회색 이끼가 나무껍질을 망치고,
헐벗은 큰 가지들은 폭풍우에 시달리고,
나무 꼭대기는 벗어지고 벌레들이 파먹어,
나무의 명예는 썩어들고 가지들은 말랐네.
그 바로 곁에 우쭐대는 들장미나무가 있었는데,
들장미는 오만하게 허공을 찌르며 뻗어,
그 모양새가 창공을 위협하는 듯했지.
들장미는 아름다운 꽃으로 꾸미고 있어,

양치기 딸들은 들장미 꽃을 모아,
그 흰색으로 그들 화관을 꾸미려,
늘 그곳에 오곤 했었네.
그 작은 들장미 덤불 속에 숨어 자리 잡은,
고운 나이팅게일은 아주 큰 소리로 노래하곤 했지.
그래서 이 어리석은 들장미나무는 정말 대담해져,
하루는 착한 떡갈나무가 늙었다고,
그를 꾸짖고 나무라기 시작했네.
(들장미는 말했네) 너는 짐승 같은 덩치로 왜 거기 서 있어?
네 몸통은 열매에도 그늘에도 쓰지 못하잖아.
봐, 내 꽃들이 얼마나 싱싱하게 펴져,
백합처럼 하얗게, 진홍빛으로 붉게 물들고,
싱싱한 초록으로 결이 물든 잎들이 달려있는지를.
처녀 여왕을 치장하기에 알맞은 색들이지.
네 몸뚱이는 쓸데없이 크고 땅에 거추장스러울 뿐이고,
내 꽃의 아름다움을 가리기만 하잖아.
너를 괴롭히는 곰팡이 핀 이끼가,
내 계피 향기를 너무 못살게 해.
그러니 내 말하는데, 여기서 꺼져버려,
내 불쾌감의 값을 치르지 않으려면.

이 되잖은 들장미는 몹시 무시하며 말했네.
떡갈나무는 거의 묵묵부답하며,
일개 잡초가 자신보다 득세하니,
수치와 슬픔으로 어찌할 바를 몰랐네.
　어느 날, 우연히 그곳에 온 농부,
그의 땅을 돌보고 알맞은 재목거리인,
큰 나무들을 주위에서 찾는 것이,
그의 습관적인 일과였어.
못돼 먹은 들장미는 주인을 보자,
이유 없이 불평하고 큰 소리로 부르짖으며,
사나운 분쟁을 불러 일으켰네.
오 주군님, 제 생명의 신이시여,
제발 가엾은 봉신이 매일 참아 받는
그릇되고 잔인한 억압으로 인한,
탄원자의 서러운 슬픔을 부디 숙고하소서.
오직 주군님의 선하심에 호소하오니,
저는 적의 사악한 힘 때문에,
이렇듯 절박한 상황에 죽을 것 같습니다.
　이 애처로운 탄원에 크게 놀라,
착한 농부는 풀밭에 편히 앉아,

들장미에게 탄원을 계속하라 명했어.
이 교만한 잡초는 말을 꾸며내,
(야심가들이 대부분 그렇지.)
자신이 색깔 입힌 비난거리를 교묘히 위장하기 시작했네.
　아 지존하신 분, 만물의 제왕,
낮고 높은 식물들의 안치자시여,
제가 활짝 핀 꽃으로 봄을 장식하고,
여름에는 진홍 열매 내어,
당신의 모든 땅에서 최고의 것이 되라,
심지 않으셨습니까?
한데 이 썩어가는 떡갈나무가,
몸통도 마르고 잔가지도 부러져,
헐벗은 큰 가지들은 불에 들어갈 판에,
어찌 야심을 가지고 이리 폭정을 하는 것입니까?
어찌 그늘로 제 아름다운 빛을 가리고,
달콤한 태양의 모습을 제게서 앗아가는지요?
이리도 늙은 가지로 부드러운 제 옆구리를 치니,
벌어진 상처에서 피가 자주 솟습니다.
당신 화관의 영광인 제 꽃은,
때 이르게 떨어지지 않을 수 없습니다.

또 자주 자벌레를 제 가지에 떨어뜨려,
저를 더 곤욕스레 만듭니다.
또 허옇게 마른 나뭇잎을 떨어뜨려,
저의 생기 찬 어린 꽃을 망쳐놓습니다.
이 일과 그보다 더 많은 이런 천인공노할 일을 연유로 비오니,
주군님의 선하심으로, 그의 세력의 악의에 찬 잔혹함을
눅여주시기를 갈망하며, 아무 다른 청은 없고,
단지 제 권리를 지켜주시기만을 구하며,
주군님의 선하신 관용 앞에 부복하여,
이 고충에서 저를 지켜주시길 청하나이다.
　이에 대해 떡갈나무는 자신을 던져,
할 수 있는 한 잘 응대했네. 하나 적이
너무 불쾌한 불을 붙여놓아,
주인은 더 이상 휴식을 누리지 않고,
불같이 격노하여 성급히 집으로 가며,
몹시 불쾌해하며 자신의 화를 점점 돋우었네.
그는 해로운 도끼를 손에 집어 들고,
(아, 도끼가 바로 대령해 있었어)
홀로 들판으로 날래게 갔네.
(그래, 해치는 데는 도움이 거의 필요 없지)

그는 분노가 가라앉을까,
화를 내며 나무에게 아무 말도 하지 않았네.
그리고 나무뿌리까지 강하게 내리쳐,
쇠약한 떡갈나무에 많은 상처를 냈네.
도끼날은 나무속을 자르기를 거의 원치 않는 듯,
자꾸 반대로 뒤집어지고,
무감각한 철은 공포로 죽을 듯하고,
혹은 거룩한 어른께 저지르는 잘못을 참는 듯했네.
그 나무는 아주 오래되고,
수많은 신비를 가진 성스러운 나무라,
또 자주 사제들이 성수 병으로 십자 성호를 그었고,
또 자주 성수를 뿌려 거룩하게 했기 때문이야.
하나 그런 것은 어리석은 공상일 뿐,
이 떡갈나무에게 이런 불행을 불러왔어.
그런 것들은 나무의 죽음을 조금도 막지 못했어.
주인은 사납게 도끼질을 했네.
나무는 도끼질에 여러 번 신음하며,
몸통이 거의 넘어가는 것을 보고 한숨지었네.
마침내 쇠도끼는 나무속을 꿰뚫었고,
그로 인해 나무는 땅에 넘어졌네.

육중한 무게로 땅이 흔들리고,
나무 밑 흙은 움츠러들어 떨고 있는 듯했지.
떡갈나무가 넘어졌으나 아무도 동정하지 않았네.
　이제 들장미는 홀로 주군인 듯,
자만과 허영으로 득의만만하며 서 있었지.
하나 이 의기양양한 기세는 지속되지 않았어.
곧 겨울이 닥쳐오니,
휘몰아치는 보레아스[44]가 조금씩 먹어 들어오며,
홀로 있는 들장미를 세게 때리니,
이제 주위에 기댈 데가 아무 것도 없기 때문이야.
이제야 그는 자기 교만을 후회하기 시작하나 늦었어.
헐벗은 채 황량하게 남게 되니,
살을 에는 서리가 그 줄기를 할퀴어 죽게 하고,
궂은 날 내리는 비는 그 머리를 무겁게 내리누르고,
쌓인 눈은 너무나 무거운 짐이 되어,
이제 그는 더 이상 똑바로 서 있을 수 없었네.
그러자 넘어져서, 가축 오물에 밟히고,
뜯어 먹히고, 심하게 상해버렸지.

[44] 북풍.

이것이 노인을 경멸한 이 야심 많은
들장미의 마지막이라네.

커디

이제 제발, 양치기 어른, 말씀 그만 하세요.
말씀은 긴데 쓸 데가 별로 없어요.
어르신 이야기를 너무 오래 듣고 있으니,
제 반바지가 땅에 붙어버렸어요.
심장의 피는 거의 얼어붙어버렸고,
나막신이 발뒤꿈치에 딱 붙어버렸어요.
어르신의 쓸데없는 이야기, 위로의 맛은 거의 없고요.
양치기 어른, 서둘러 집으로 가세요, 하루해가 거의 다했어요.

테놋의 엠블럼

'하느님은 노인이시니 노인을 모범으로 삼게.'

커디의 엠블럼

'어느 노인도 하느님을 경외하지 않아요.'

3월[45]

목가 3

•주제

이 목가에서는 젊은 두 양치기가 계절을 기회로 삼아 봄에 가장 어울리는

[45] 목판화에는 3월의 별자리 양자리가 위쪽 가운데에 새겨져 있고, 두 양치기가 사랑에 대해 이야기를 나누는 내용에 맞춰 오른쪽 나무아래에 날개 달린 큐피드가 보이고 토말린이 그에게 돌을 집어 던지려한다.

사랑과 다른 놀이를 계획하기 시작한다. 이 목가는 시인들의 사랑의 신 큐피드를 알 수 있도록 큐피드에 대한 어떤 표지와 징표를 보여주는 점에서 특별한 의미가 있다. 그러나 이 목가가 가진 보다 더 특별한 의미는, 토말린이란 인물 속에, 사랑과 사랑에 헌신한 이들을 오랫동안 경멸하다가 마침내 자신도 얽혀들어 큐피드의 화살인 어느 아름다운 모습의 화살에 자신도 모르게 상처를 입은, 어느 알려지지 않은 친구의 모습이 담겨 있는 것이라고 생각된다.

윌리

토말린, 정말 아름다운 아침에
왜 우리는 슬픔에 눌린 듯이,
  이리 하릴없이 앉아있나?
이제 거의 다가온 즐거운 시절이,
이 격렬한 강풍을 누그러뜨리고,
  겨울의 슬픔을 누일 텐데.

토말린

윌리, 자네 정말 말 잘했어.
겨울의 진노가 누그러지고,
  쾌적한 봄이 모습을 보이고 있으니.
풀은 이제 싱싱해지고,
봄의 전령 제비는 둥지 밖을 엿보고,

하늘의 구름은 걷혔어.

윌리

저 산사나무 줄기 안보이나,
봉오리를 맺기 시작하여, 얼마나 여봐란 듯이
부드러운 머리를 내미는가?
꽃의 여신 플로라는 이제 꽃마다 불러내어,
지금 막 침대에서 일어난
마야의 나무그늘[46]을 준비하네.
그러니 즐겁게 놀면서,
곁눈질하는 레티스[47]와 함께,
가볍게 노는 걸 배우고,
망각의 레테 호수에 지금 잠들어 있는,
작은 사랑을 깨워,
우리 춤을 이끌어 주도록 청하세.

---

[46] 상쾌한 들판, 혹은 마야의 덤불. 마야는 여신으로 머큐리의 어머니로, 마크로비우스에 의하면, 오월은 그녀를 기념하여 메이라고 불린다(E.K.).

[47] 어느 시골 아가씨 이름(E.K.).

토말린

윌리, 내 보니, 자네 정신이 없군.
사랑은 기운이 팔팔해 절대 잠자지 않고,
　말짱한 정신으로 놀고 있네.

윌리

사랑이 깨어있는지 어찌 아는가?
아니면 자네가 그의 잠을 깨웠나?
　아니면 자네가 그의 단짝이었나?

토말린

아니야, 한데 우연히 그를 보았는데,
자줏빛과 푸른 빛 날개를 달고,
　덤불 속에 숨어 있었어.
내 양이 길을 잃지만 않았으면,
내가 우연히 알아본
　사랑만이 가진 특징을 밝혔을 게야.

윌리

토말린, 그 점은 걱정 말게,
내가 내 양과 자네 양 둘다,

똑같이 지켜볼게.
집에 아버지와,
낮에는 시간맞춰 내 양들을 세는,
성질이 불같은 서모가 계시니까.

토말린

아니야, 자네가 지켜봐도 소용없이,
내 양들은 길을 벗어나
곤경에 빠질 수 있네.
바로 사흘 전 나는,
슬퍼하다 우연히 잠들었는데,
깨서 다시 큰 슬픔에 빠졌어.
다쳐서 한동안 다리에 붕대를 감고 있던,
바로 저 불행한 암양이,
구덩이에 곤두박질해 빠졌거든.
그래서 뼈가 부러졌네.
만일 동시에 목이 부러졌더라면,
더 이상 치료할 필요가 없었지.
그 양은 너무 제멋대로 제정신이 아니라,
(한데 지금은 철들었다 생각되지만)
풀밭에 있으려하지 않을 게야.

윌리

지난 일은 그럴 수 있으니 내버려두게.
앞으로 올 일을 계획해보세.
　자 이제 자네가 뭘 보았나 말해보게.

토말린

어느 휴일,
보조양치기들이 노는 날이라,
　나는 사냥하러 갔네.
손에 활과 화살을 가지고,
덤불 속 새들을 찾아,
　여기 저기 오랫동안 돌아다녔어.
마침 어느 담쟁이덩굴 덤불 속에서,
(그 속에 어린 신이 숨어있었는데)
　부산하게 바스락대는 소리가 나더군.
활을 덤불에 대고,
뭐가 튀쳐나오나 귀를 기울였네만,
　바스락거리는 소리가 더 이상 안 났어.
그래서 덤불 속을 가까이 들여다보니,
무언가, 그 형체는 드러나지 않고,

재빨리 움직이는 것이 보였네.
근데 만일 그것이, 요정이나 악마나 뱀이면,
용기 있게 깨우고 싶은 마음에,
남자답게 그것에다 활을 쏘았어.
그러자 어떤 발가벗은 남자아이가,
공작 꼬리 같은 점박 무늬 날개를 달고,
웃으면서 나무 위로 뛰어올랐네.
등에는 황금 화살통을 멨는데,
느슨한 은 활로 재빨리
나를 겨냥하더군.
그걸 보고 나도 다시 겨냥하여,
온 힘을 다해 그에게 화살을,
마치 우박이 쏟아지듯 마구 쏘아댔지.
그렇게 오랫동안 쏘아대니 화살을 다 써버렸어.
급히 부석(浮石)을 집어,
던졌네만, 아무 소용이 없더군.
그는 아주 날래고 민첩하게,
이 가지 저 가지로 가볍게 날며,
부석을 여러 번 잡아냈네.
그래서 난 두려워 도망쳤어.

하나 그는, 처음에는 장난치는 듯하더니,
진지하게 화살 하나를 확 붙잡아,
욕정 가득한 사랑에 차 달아나는[48] 나에게 쏘았어.
그때는 따끔거리는 걸 거의 느끼지 못했네.
한데 곧 그 아픔이 점차 커지더군.
그리고 이제 점점 더 마음에 맺혀,
그리고 안에서 아프게 곪아 터져,
어찌해야 멈추게 할지 모르겠네.

윌리

토말린, 자네가 처한 곤경이 안됐군.
아마 자네는 사랑과 싸웠던 게야.
사례를 보니 사랑인 걸 알겠어.
한번은 아버지께서 우리 배나무에
자주 나타나는 까마귀를 잡으려 놓은,
새그물에 어느 날 그가 걸려들어,
잡으신 이야기를 하신 적이 있네

---

[48] 원문 "running in the heele"에 대해, 이 케이는 발뒤꿈치가 아킬레스의 경우처럼 매우 중요한 부분으로, "발뒤꿈치에 상처를 입는다는 것은 욕정에 찬 사랑을 의미한다."(E.K.) 고 설명하고 있다.

(그는 그 복수를 할 거야).
　우리 배나무에 자주 나타날 때,
그는 날개를 단 소년이었네만,
그때 활과 화살은 없었다 하셨네.
　아니면 아버지께서 몹시 놀라셨을 거야.
한데 하늘이 곧 어두워지는 걸 보게.
저물어가는 태양 포이부스가 얼굴을 물속에 담그는군.
　이제 빨리 집으로 갈 시간이네.

윌리의 엠블럼

'슬기로우면서 사랑하는 것은,
저 위의 신에게 거의 용인되지 않는다.'

토말린의 엠블럼

'사랑에는 꿀맛과 쓴맛이 가득하다.
꿀맛이 많지만 쓴맛은 더 많다.'

4월[49]

목가 4

•주제

이 목가의 목적은 지극히 자비로우신 엘리자베스 여왕 폐하를 기리고 찬양하기 위한 것이다. 화자는 양치기 호비놀과 테놋이다. 호비놀은 앞서

[49] 엘리자베스 여왕에 대한 찬가를 담고 있는 4월 목판화에는 시녀들을 거느리고 서있는 엘리자베스 여왕의 모습이 가운데 새겨져 있고, 황소자리의 상징이 여왕 위에 보인다.

도 나왔는데 이 목가에서 더 크게 부각되는 인물로 콜린을 매우 사랑하지만, 테놋에게 한 호비놀의 한탄에 의하면, 콜린은 사랑에 크게 실패하여 자신을 사랑하는 호비놀뿐 아니라 이전의 모든 즐거움과 유쾌한 피리 불기, 또 시를 짓고 노래하는 것과 같은 학업들 그리고 다른 칭찬받을 만한 활동들에서 마음이 멀어지고 소원해졌다. 그래서 호비놀은 이 기회를 빌려 콜린의 시적 우수성과 재능을 증명하려고, 콜린이 엘리자라 부르는 여왕 폐하를 기리기 위해 언젠가 지은 노래를 들려준다.

테놋

말해봐 호비놀, 왜 이리 울고불고 난리인가?
뭔가? 늑대가 자네 어린 양들을 물어뜯었나?
아니면 그리 아름다운 소리를 내던 자네 풍적이 부러졌나?
아니면 사랑하는 아가씨가 자네를 버렸나?

아니면 자네 눈이 계절에 맞춰 비를 내려,
목말라 헐떡이는 밭이랑의 갈증을 풀어주고 있는 겐가?
사월 소나기처럼 그렇게 자네 뺨을 타고
흘러내리는 눈물이, 자네의 목마른 고통의 갈증을 풀어주고 있군.

호비놀

날 이렇게 슬프게 만드는 건 이도 저도 아니네.

내가 오랫동안 진정으로 사랑하는 젊은 친구 때문이야.
그 친구는 어느 아가씨를 사랑하나 그 사랑이 무시당해,
고통에 빠져 곱슬머리를 쥐어뜯고 있다네.

그는 양치기의 즐거운 놀이를 모두 그만두고,
우리를 즐겁게 하던 아름다운 피리를
제 맘대로 부러뜨리고, 누구보다 잘 부르던
늘 부르는 노래도 그만두었네.

테놋

자네가 그렇게 소리 내어 슬퍼하는 친구가 대체 어떤 젊은이인가?
사랑이란 경험하는 이에게 그렇게 조이도록 아픈 것인가?
또 그렇게 뛰어난 작시(作詩) 기술을 가지고도,
사랑을 다룰 기술은 그렇게 부족한 게야?

호비놀

자네도 아는 콜린, 남부의 젊은 양치기가,
사랑의 치명적인 화살로 상처를 입었네.
전에 내 모든 근심과 기쁨은 온통 그 친구에게 있었지,
난 제멋대로인 그의 마음을 선물로 얻으려고 애썼어.
한데 이제 그 마음은 점점 미쳐서 내게서 멀어져,

골짜기 과부의 딸에게 구애하고 있네.
그래서 지금은 아름다운 로잘린드가 그의 아픔을 낳고,
그래서 지금은 친구인 나는 그에게 낯선 이가 되었네.

테놋

콜린의 노래가 그렇게 곱고 아름다우면,
호비놀, 제발 한번 불러보게.
그동안 양 떼는 우리가 보는 주위에서 풀을 뜯고 있고,
이 나무 그늘은 우리를 외따로 푹 가려줄 게야.

호비놀

좋아. 그럼 내가 그의 노래를 부르겠네,
모든 양치기들의 여왕, 아름다운 엘리자 찬가라네.
콜린이 어느 샘가에 누워,
떨어지는 물소리 가락에 맞춰 이 노래를 지었지.

이 복된 시냇물에 가슴을 담그는,
귀여운 님프들이여,
청하노니,
시냇물 처소를 버리고 이쪽을 보려무나.
학식 풍부한 샘 헬리콘[50]의 원천,

파르나스 산에 사는 처녀들[51]이여,
여성들 중 가장 뛰어나신,
여왕 폐하께 맞갖은 칭송을
널리 알리도록 도와주려무나.

저 복되신 분, 아름다운 엘리자에 대해
너희의 맑은 은빛 노래를 불러라.
처녀들의 꽃인 그분 왕권이
오래 오래 번성하도록.
그분은 시링크스[52]의 흠 없는 딸,

---

[50] 파르나소스 산 아래 있는 샘과 뮤즈들에게 헌정된 유명한 카스탈리우스 샘에서 흘러나오는 베오티아에 있는 산의 샘 이름. 이 샘은, 페르세우스의 날개 달린 말 페가수스가 (그래서 명성과 날아오르는 명예를 의미하는데) 발굽으로 땅을 치자, 갑자기 그곳에서부터 지극히 맑고 상쾌한 물이 가득한 샘이 솟아났으며, 그로 인해 이 샘은 뮤즈들과 학식 깊은 여성들에게 헌정되었다(E.K).

[51] 아홉 뮤즈들로, 아폴로와 메모리의 딸들이며 시인들이 그리스에 있는 산, 파르나소스에 살고 있다고 생각한다. 왜냐하면 그 나라에서 특히 모든 훌륭한 학문의 영광이 번영하였기 때문이다(E.K.).

[52] 아카디아의 어느 님프의 이름, 판 신이 그녀를 사랑하게 되어 쫓아갔으나 그녀는 그에게서 도망치고 신들은 그녀를 갈대로 만들었다 . . . 그것을 보고 판 신은 갈대들을 가지고, 잃어버린 사랑을 기억하여 피리를 만들었다. 그런데 여기서는 판과 시링크스를 통해, 양치기가 단순히 시적인 신들을 의미하는 것이라고 생각해서는 안 되고, (아마도) 폐하의 가계를 거룩하고 불멸한 것으로 간주하고 있는 듯하다 . . . 그래서 여기서 판은 지극히 저명하신 승리의 왕, 폐하의 아버지, 존경하온 고 헨리 8세 왕을

양치기의 신 판이 그분의 부친이라.
이렇듯 여왕 폐하는
천상의 자손이니,
어떤 인간적인 흠도 더럽힐 수 없어라.

보라, 그분이 푸른 초원에 앉으시니,
(오 점잖으신 모습)
처녀 여왕처럼 다홍 원삼 차려입고,
하얀 족제비 털로 장식하셨어라.
머리에는 담홍 장미와 수선화로 만든
진홍 화관 쓰시니,
화관 사이사이 월계수 잎과
풋풋한 앵초가 화관의
예쁜 제비꽃을 아름답게 꾸미누나.

말해 보아라, 너희들은 아름다운 포이비 같은,

의미한다. 판은 종종 (이후에 나타나듯이) 뛰어난 왕들과 강력한 군주들을 의미한다. 그리고 어떤 곳에서는 바로 목자들의 판이시고 신이신 그리스도를 의미한다(E.K.) 만일 판 신이 헨리 8세를 의미한다면, 이 케이는 설명하고 있지 않지만 시링크스는 엘리자베스의 어머니 앤 불린을 의미하게 된다.

천사 같은 그분의 용안을 뵌 적이 있느냐?
그분의 천상적인 자태와 군주의 우아함을,
무엇에 잘 비교할 수 있느냐?
흰장미와 함께 어우러진 붉은 장미가,[53]
양 볼에 생생하게 그려져 있구나.
그분의 조신한 눈,
그분의 엄위,
그 용안 아니면 어디서 그런 것을 본 적이 있느냐?

나는 태양신 포이부스가 그분을 바라보려,
황금머리를 내미는 것을 보았네.
하나 그분의 광채가 얼마나 널리 퍼지는지 보고,
그는 너무 놀랐네.
그는 하늘 아래 또 하나의 태양을 보고,
이글거리는 얼굴을 감히 다시 보이지 않았어라.
원하면 감히 그러라 하게,

[53] 튜더 왕조가 흰장미 문장(紋章)의 요크 가문과 붉은 장미 문장의 랭커스터 가문의 결합으로 시작되었으므로, 여기서 흰 장미와 어울린 붉은 장미는 엘리자베스 여왕이 두 가문의 후손임을 표현한다.

태양의 찬란함과 그것을 능가하는
여왕 폐하의 광채를 비교해보라고.

신씨아[54]여, 은빛 광선으로 그대를 드러내고
부끄러워하지 마라.
그분의 미모가 빛날 때,
오 그대는 얼마나 황망히 달아나는가?
하나 난 그분을 라토나의 자식들과 비교하지 않으리.
그런 어리석음이 니오베의 큰 슬픔을 낳았으니.[55]
이제 니오베는 돌이 되어,
매일 신음하며,
다른 모든 이들에게 조심하라 경고하는구나.

판은 이렇게 아리땁고 선한 아가씨의

---

[54] 달의 여신.

[55] 라토나의 자식들은 아폴로 (혹은 포이부스) 와 다이아나 (혹은 씬씨아, 포이비) 이다. 암피온의 아내 니오베가 자신이 낳은 일곱 아들과 수많은 딸들을 자랑하며 그들을 경멸하였는데, 라토나는 이 일을 불쾌하게 여겨 포이부스와 포이비에게 니오베의 아들 딸 모두를 죽이라고 명했다. 그로 인해 불행한 니오베는 슬퍼하며 자식들의 무덤 위에서 돌이 되었다고 한다. 양치기 시인은 엘리자베스 여왕에게도 비슷한 불행이 닥칠까 염려하여 그녀를 라토나의 자식들과 비교하지 않겠다고 말하는 것이다.

아버지라 자랑스러워하고,
시링크스는 그런 분을 낳은
운명을 기뻐해도 좋으리.
내 양 새끼들이 어미 찾아 울면 곧,
난 그분께 우유같이 흰 양을 바치리라.
그분은 나의 절대 여신,
난 그분의 양치기라네,
나 비록 일에 지쳐 땀에 절었지만.

칼리오페[56]가 내 여신이 빛나시는
곳으로 급히 가는 것이 보이네.
그리고 다른 뮤즈들이 바이올린 들고
그녀 뒤를 따르네.
그들이 가진 월계수 가지들,[57]
모두 엘리자께서 손에 드실 것 아닌가?
그들이 너무도 감미롭게 연주하며

---

[56] 아홉 뮤즈들 중 하나로, 서사시의 뮤즈.

[57] 월계수 가지는 영광과 승리의 상징이므로 위대한 정복자들이 승리의 표징이고 또한 . . . 저명한 시인의 표징이다(E.K.).

내내 노래하니,
듣고 있으니 천국 같아라.

보라 세 자매 미의 여신들이[58]
얼마나 곱게 악기에 맞춰 춤추는지.
날듯이 춤추고, 기쁨으로
아름답게 노래하는구나.
춤이 짝 맞으려면 넷째 여신이 필요하지 않느냐?
그 자리는 내 여왕께 드려라.
그분은 미의 여신이 되어,
네 번째 자리를 채우시고,
나머지 여신들과 더불어 하늘에서 다스리리라.

---

[58] 세 자매는 쥬피터의 딸들로, 아글라이아, 탈리아, 유프로진으로, 호머는 감사를 의미하는 파시테아, 혹 다르게는 감사인 카리테스를 네 번째로 덧붙인다. 시인들은 이들을 모든 풍요와 미의 여신들로 만들었는데, (테오돈티우스가 말하듯이) 이들이 셋을 이루어 의미하는 바는, 즉 사람은 먼저 다른 사람들에게 예절바르고 매우 너그러워야하고, 그 다음에 다른 사람들에게서 정중하게 도움을 받고, 세 번째로 그들에게 감사해야한다는 것이다. 이것들은 관대함을 표현하는 세 가지 각각 다른 행위이다. 그리고 보카치오는 세 자매는 나체로 그려야하며(C. 줄리어스 시저의 무덤에는 실제로 이 모습이며), 하나는 등과 얼굴을 우리들에게서 돌리고 있고, 다른 둘은 우리들을 향하고 있는데, 이는 받은 도움에 대해 우리가 두 배로 감사해야한다는 것을 의미한다고 말했다(E.K.).

이 빛나는 숙녀 무리가 줄지어
어디로 달려가는가?
그들은 모두 호수의 님프,
그분께 가고 있네.
최고 님프 클로리스,[59]
올리브 가지로 만든 왕관을 가져가네.
올리브는 전쟁이 끝나면
평화를 위한 것.[60]
그것이 여왕께 가장 중요하여라.

초원에 사는 양치기 딸들아,
얼른 그리로 가거라.

---

[59] 클로리스는 님프로 녹음(綠陰)을 의미한다. 서풍인 제피루스는 클로리스를 사랑하게 되어 아내로 삼기 위해 그녀에게 땅에서 자라는 모든 꽃들과 푸른 식물들에 대한 주권과 통치권을 주었다고 한다(E.K.).

[60] 올리브는 평화와 고요의 상징이곤 했는데, 그 이유는 평화 시 외에는 이 나무를 심고 가지 칠 수 없어서 매우 조심스럽게 돌보아야했기 때문이거나, 사람들 말로는, 전쟁의 신 마르스에게 헌정되어 창이나 다른 전쟁 도구를 만드는데 쓰이는 전나무 곁에서는 자라지 않기 때문이라고 한다. 이에 관해, 넵튠과 미네르바가 아테네의 이름을 두고 경합을 벌였을 때 넵튠이 삼지창으로 땅을 치자 전쟁을 수행하는 말이 튀어나왔지만, 미네르바가 치자 올리브나무가 나와서 아테네 시는 학문과 평화로운 연구의 산실이 될 것이라 했다는 멋진 이야기가 만들어졌었다(E.K.).

여왕 폐하 꾸며드리기 위해,
처녀 외엔 누구도 그곳에 가지 못하게 하여라.
그리고 그분 계신 곳에 갈 때는,
무례를 범해 수치당하지 않게 하여라.
머리 리본 단단히 묶고,
명주 레이스로 더 곱게
허리를 묶어라.

분홍, 자주 매발톱꽃과
비단꽃향무를 그리로 가져가거라.
연인들이 꽂는 왕관 모양의 카네이션,
술에 맛내는 클로브 핑크를 가져가거라.
수선화와 노란 앵초, 노란 미나리아재비와
사랑받는 백합을 땅에 뿌려라.
예쁜 팬지,
또 셰비전스는,
플뢰르 드 리스[61]와 잘 어울리리라.

---

[61] 프랑스 왕가의 문장인 흰 백합으로, 프랑스 왕권을 주장하는 엘리자베스 여왕의 칭호.

이제 일어나소서, 엘리자,
군주의 차림 차리셨으니.
이제 예쁜 아가씨들,
각자 길을 떠나거라. 내가 너무 오래
너희들을 괴롭힌 건 아닌지.
엘리자 여왕께서 너희들 노래에 감사하시기를.
그리고 너희들이 이곳에 오면,
내가 작은 푸른 자두를 모아,
너희 모두에게 나누어주리라.

테놋

바로 이 노래가 콜린 자작곡인가?
오 어리석은 친구, 사랑에 눈멀다니.
그 친구 그런 마땅찮은 목적에 신경 쓰느라,
아무것도 괘념치 않는 상태라니, 정말 안됐군.

호비놀

정녕 그 친구는 정말 바보일세,
자신이 얻을 수 없는 걸 사랑하다니.
하나 집으로 가세. 밤이 다가오니,
반짝이는 별들이 날빛을 뒤쫓고 있네.

데놋의 엠블럼

'오 아가씨 이름이 무엇인가?'

호비놀의 엠블럼

'오 정녕 여신이라네.'

5월[62]

목가 5

•주제

이 다섯 번째 목가에 등장하는 두 양치기 피어스와 팔리노드라는 인물

[62] 5월의 목판화에는 쌍둥이자리의 상징이 가운데 위쪽에 새겨져있고, 한 가운데에는 양들을 버려두고 놀고 있는 양치기들이, 왼쪽에는 이들을 보고 대화를 하는 팔리노드와 피어스가 보인다.

은 두 종류의 목자,[63] 혹은 프로테스탄트와 가톨릭의 목자를 대변한다. 이들의 주요 대화는 프로테스탄트 목자의 삶이 가톨릭 목자의 삶과 같아야 하는지에 대해 논하고 있다.[64] 피어스는 가톨릭 목자에 관해 그들과 교제하거나 그들의 그럴듯한 가장된 선의를 너무 믿는 것은 위험하다는 것을 보여주고, 팔리노드에게 그런 간교한 술책으로 어리숙한 새끼 염소를 속여 잡아먹은 여우 이야기를 한다.

팔리노드

바로 이 달이 즐거운 오월,
사랑이 젊은이들을 생기 넘치게 입히는 달 아닌가?
한데 어쩌다 우리는 다른 이들처럼 밝은 초록 옷을 입지 않고
더 이상 즐거워하지 않는 게야,

---

[63] 'shepherd'는 일차적으로 양치기를 의미하는데, 비유적으로 사제나 목사와 같은 종교 지도자, 목자를 의미하기도 한다. 옮긴이는 이 단어가 종교적 비유로 사용될 때는 '목자'로, 그렇지 않은 경우에는 주로 '양치기'로 번역했다.

[64] 스펜서가 이 작품을 쓴 시대에는 유럽 전체에 종교개혁의 바람이 거세게 불고 있었다. 잉글랜드도 헨리 8세의 이혼사건을 계기로 로마 가톨릭에서 갈라져 나와 종교개혁을 시작하였는데, 종교적 상황은 왕이 어느 종파를 지지하는 가에 따라 바뀌었다. 엘리자베스 여왕은 중도적인 프로테스탄트의 입장을 취했다. 프로테스탄트인 스펜서가 가톨릭이나 가톨릭 사제에 대해 비판하는 것에 대해 가톨릭 독자들은 불편할 수 있으나, 이 부분과 앞으로 나오는 가톨릭에 대한 비판은 당시 종교개혁의 맥락에서 이해되어야 할 것이다.

땅은 풀로, 숲은 초록 잎으로,
덤불은 피어나는 꽃망울로,
모든 것이 기쁨으로 옷 입는 바로 이 계절에,
우리 회색 겉옷은 너무 칙칙하구먼.
이제 젊은 친구들은 사방에서 모여들어,
오월 산사나무꽃과 향기로운 들장미를 따고 있네.
그리고 해뜨기 전에 말뚝들과 교회 모든 기둥들을,
산사나무 꽃봉오리와 향긋한 들장미,
장미와 클로브 핑크 화관으로
예쁘게 차려 입히려 서둘러 집으로 가고 있네.
그런 축제는 성인들을 기쁘게 하지.
한데 우린 꿈에 잠긴 듯 여기 앉아 있구먼.

피어스

팔리노드, 그런 어리석은 짓거리는 젊은이에게나 어울려,
우리 둘은 나이 들어 철난 사람들 아닌가.

팔리노드

얼마 전, 바로 오늘 아침에,
양치기 무리가 노래하고 소리 지르며,
신이 나서 나가는 걸 보았네.

활기찬 북꾼이 그들 앞에 가며
많은 뿔피리에 맞춰 북을 치고,
그 소리 맞춰 그들은 아가씨와 짝지어 춤을 추었네.
그들이 그렇게 흥겨운 것을 보고,
내 마음도 피리 따라 춤추더군.
그들은 음악과 함께 오월의 제왕 산사나무꽃을,
집으로 가져오려 모두 푸른 숲으로 달려갔네.
그들은 그 나무를 왕으로 삼아
왕좌에 앉혀 데려오고, 그의 왕비는 바로
플로라, 그녀의 시중을 드는 이들은
아름다운 요정 무리와 사랑스런 님프들의
상큼한 무리였네. (오 아가씨들이 산사나무를
나르는 걸 도우러 내가 거기 있었더라면)
아 피어스, 그들이 작은 노동으로 얼마나 크게
즐거워하며 노는지 생각하며 불쾌해하지 말게.

피어스

난 정말 질투와 거리가 아주 먼 사람이야,
내심 난 그들의 어리석음을 동정하네.
그 부랑꾼들은 자기 일은 거의 상관하지 않고,
양들이 멋대로 돌아다니게 내버려 두고

그런 방탕한 놀이와 방종한 즐거움에,
아껴 써야 할 시간을 쓴다네.
바로 그런 목자들은 악마와 한패거리야,
양들은 배고픈데 자기들은 놀고 있잖나.
양들이 마구 혼자 돌아다니게 내버려두니,
그 양들이 그 목자들 것이 아닌 게 잘 드러나네.
한데 그자들은 적은 삯으로 다른 이들을 고용하니,
고용인들도 그자들만큼 양들에게
무슨 일이 일어나든 거의 관심이 없고,
그자들이 양털을 차지하고 모든 이익을 취하여,
고용인들에게는 쥐꼬리만큼 지불하지.
위대한 판 신[65]이 목자의 회계 장부를 요구하실 때,
고용인들과 주님의 임무를 저버린 저들,
둘 다 어떤 회계 산출을 낼지 궁금하다네.

팔리노드

자네 말에 악의가 있는 걸 이제 확실히 알겠어,
그 모든 게 자네에겐 그들의 즐거움이 조금도 없기 때문이야.

---

[65] 여기서 판 신은 그리스도.

난 (나 같으면) 비록 적에게서라도,
어리석게 동정 받기보다 차라리 질투를 받겠네.
하지만 필요하면, 경멸 받기보다
차라리 동정을 받겠네.
왜냐하면 치료책이 없는 불행은 동정 받지만,
어리석은 짓거리는 경멸받거든.
하느님께서 목자들에게 선하시니,
여기서 편하고 여유롭게 사는 동안,
그 열매인 기쁨을 거두는 것 외에,
그들이 어찌 다른 것에 신경을 써야 하는가?
그들이 죽으면 그들의 선은 사라지고,
그들도 다른 많은 이들처럼 안식 속에 잠들기 때문이네.
그때에 그들이 비용을 들여 쓴 것은 그들과 함께 가네.
하나 뒤에 남겨 놓은 것은 없어지지.
쓰이지 않으면 선은 아무 소용이 없어.
하느님은 그 외 다른 목적을 위해 선을 베푸시지는 않아.

피어스

아 팔리노드, 자네는 세상의 자식이구먼.
역청을 만지는 자는 더러워지기 마련이야.

하나 목자들은 (알그린드[66] 어른이 말씀하시곤 했듯이,)
평신도들처럼 살아서는 안 되네.
평신도들은 후손이 끊어지지 않도록
자식들을 돌보는 것이 당연하지.
그들은 먹고 살 수단을 가져야 하고
늘 외관을 계속 유지해야 해.
하나 목자는 다른 길을 걸어야 하고,
그런 세상의 기념물을 포기해야 하네.
왜 자식에게 모아놓은 것으로
부를 남길 걱정을 하는가?
그 선하심을 주신 바로 그 하느님께서,
그 자식이 그분의 길에 서있으면 또한 소중히 품지 않으시겠나?
자식이 음욕과 방탕 속에 잘못 살면,
아버지가 유산으로 남긴
모든 부와 재산은 거의 소용이 없다네.
모든 것이 관리 잘못으로 낭비될 걸세.

---

[66] 엘리자베스 여왕시절 캔터베리 대주교였던 에드워드 그린덜(1519-1583)을 지칭. 1575년 캔터베리 대주교가 되었으나, 1577년 청교도들에 대해 여왕과 논쟁한 후 그 직무가 정지되었다. 여왕은 청교도들을 완전히 억압하기를 원했으나, 그린덜은 그들의 견해에 공감하고 있었다.

한데 그런 식으로, 또 다른 불신으로,
그 목자들이 많은 그릇된 일들을 수행하여
부와 슬픔의 물결들을 쌓는다면,
그 홍수가 그들에게 흘러넘치게 될 것이야.
그런 인간의 어리석음은 원숭이의 어리석은 보호
말고는 다른 것과 비교할 수가 없네.
원숭이는 어린 것을 너무 사랑하여
(한데 하느님은 그럴 이유가 없는 것을 아시는데)
새끼를 꽉 붙들고 꼭 껴안아,
새끼 숨통을 막아버리지.
선을 행하려 하면서, 너무도 자주
그릇된 의도로 인해 악이 뒤따르게 되네.
　한때 목자들이 아무 유산도, 땅도,
삯도 없던 시절이 있었네만,
그런 때가 다시 돌아올지도 모르지.
(이전에 일어난 일은 다시 일어날 수 있으니)
그때 목자들은 헐벗은 양에게서
나올 만한 것을 (그게 많든 적든) 가졌네.
정말 그때 그게 목자에게 좋았어.
가진 것이 없으니 버리는 걸 두려워하지 않았지.

판 그분이 그들 유산이니,
생활유지에 필요한 게 거의 없었기 때문이야.
목자들의 하느님께서 그들을 참으로 잘 인도하시어,
충분한 버터, 꿀 , 우유, 건초,
그 무엇도 부족함이 없게 하시고,
양털로 그들을 입혀주셨네.
한데 시간이 지나 번영이 오래 이어지니,
악을, 이 오만의 악을 키워,
목자들은 안전에 너무나 길들어,
충실한 순명에 만족치 않고,
어떤 이들은 탐욕스런 통치에 입을 벌려,
강력한 통치자, 각하, 권력 애호가,
나라의 골칫거리들에 버금가게 되었네.
젊은 목자들은 높은 자리를 쳐다보고,
고생하며 살지 않고 부드러운 잠자리에 눕는 걸 배웠네.
목자라는 위선 속에, 때로
사기와 협잡으로 가득 찬 늑대가 되어,
자주 몰래 숨어들어 자기 양들을 잡아먹고,
자주 양지킴이 목자들도 잡아먹었네.
이것이 목자에 대한 슬픔의 최초 원천이니,

이제는 보증이나 서약으로도 막지 못할 것이네.

팔리노드

세 가지를 참는 것도 몹시 짐스러운데,
네 번째를 참는 건 언어도단이야.
일단 사랑을 갈망하는 욕정에 찬 여자들은,
가까스로 참지만 결국 그것을 가지고야 말거든.
마찬가지로 담즙이 격노하여 불타오를 때,
복수하지 못하는 걸 달래기는 어렵네.
또 어느 누가 목마른 자에게 충고할 수 있는가,
물 잔을 받았는데 인내심을 가지고 참으라고?
한데 사람이 짊어질 수 있는 모든 짐 중
가장 힘든 건, 바보의 말을 참고 듣는 것이네.
내 생각에, 높은 하늘을 어깨에 짊어진
거인 아틀라스도 그런 짐은 지지 않았어.
자네는 아무 흠도 찾을 수 없는 곳에서 흠을 잡고,
지반이 약한 곳에 건실한 건물을 세우는군.
자네는 이유 없이 옳은 일에 격분하고,
하찮은 이유로 목자들을 몹시 비난하고 있네.
그렇지 않으면 목자들이 어떻게 살겠나?
뭐? 그들이 고통과 비탄 속에 수척해져야 하겠나?

주님께 맹세코, 그렇지 않네,
만일 내가 쉬어도 좋다면, 슬픔 속에 살지는 않을 걸세.
  슬픔은 서두를 필요가 없네.
부르지 않아도 즉각 오니까.
평온한 시절이 지속될 때,
우리는 마음껏 행복을 누리네.
폭풍우의 역경이 다가올 때,
우리 어깨로 모진 비바람을 막아야 하기 때문이야.
그리고 제발, 양치기들이
이렇게 서로 비난하고 싸우며,
온 세상에 허물을 드러내는 건 모양새가 좋지 않네.
적들이 그 허물 하나하나를 비웃는다네.
개선할 수 없는 건 누구도 싫어하게 만들지 말게나.
그러니 분란은 곧 화해로 끝나야 하네.

피어스

양치기 친구, 난 바른 길 저버리는
목자와 잘 지내고 싶지 않네.
그리고 만일 내가 둘 중에 선택한다면,
그가 내 친구가 되기보다 내 적이 되는 편이 더 낫네.
빛과 어둠이 어떻게 함께 화합하겠나?

아니면 사자와 양이 어찌 평화로울 수 있나?
거짓된 마음을 감추면, 그런 야바위꾼은
여우가 새끼 염소에게 하듯 할 걸세.

팔리노드

자 피어스, 내 친구니 그 이야기를 해주게.
그 어린 염소는 우리 양들이 길을 잃지 않게 지켜줄 수 있으니까.

피어스

(내가 잘 짓기는 했지만) 바로 그 새끼 염소는
정말 너무 어리석고 지혜롭지 못했네.
어느 여름날,
사리에 밝은 엄마 염소는
풀을 뜯거나, 놀거나, 좋다고 생각한 것을 하려고,
푸른 숲으로 나갔네.
하나 엄마로서 어린 아들이
걱정되고 조심스런 마음이 있어,
어린 것이 다 그렇듯, 귀염 가득하고
생기 넘치고 사랑스러워 보이는,
어린 염소를 앞에 앉혔어.
새끼는 벨벳 머리가 커지기 시작하고,

동글동글한 뿔이 새로 자라기 시작했네.
욕정의 꽃들이 봉오리를 맺기 시작하여,
턱 아래 무성하게 솟아나기 시작했지.
아들아 (그녀가 말했네) (그러면서 마음속에
기어든 걱정스런 생각들로 울기 시작했어.)
하느님께서 가엾은 유복자인 너를 축복하시고,
행복한 기쁨을 주시기를 빈다.
네 아버지 (엄마는 힘들여 이 말을 하면서,
마음이 거의 둘로 찢어지는 듯 한숨을 내쉬었네)
네 아버지께서, 오늘까지 살아계셔,
육신의 자손을 보셨으면,
이 예쁜 모습에 얼마나 기쁘셨겠니?
한데 아 거짓된 운명이 그런 기쁨에 앙심을 품어
때 이른 슬픔으로 그의 생명선을 끊고,
그를 배신하여 적의 덫에 빠지게 했단다.
이제 슬픔에 빠진 과부인 내게
노년의 유일한 기쁨은,
네가 아버지 뒤를 이어,
강건하게 꽃피는 것을 보는 것이야.
네 아버지께서 머리를 꼿꼿이 들고

우뚝한 뿔을 휘두르셨듯이 말이다.
눈물이 녹아 흐르는 눈에 아들이 밟히자,
찌르는 아픔에 심장이 욱신거리며,
지나간 슬픔이 마음에 새로운 구멍을 만드니,
엄마는 더 이상 다른 말을 못했어.
어린 것 얼굴에서 그 아버지의
옛날 멋진 생김새를 보는 듯했지.
마침내 그녀는 슬픈 침묵을 깨고,
어린 염소의 이제 막 자란 수염을 쓰다듬기 시작했어.
얘야 (그녀가 말했다) 네 건강과 안녕에 대해
엄마가 얼마나 크게 염려하는지 알지.
많은 거친 짐승들이 어린 너를
덫에 옭아매려 줄지어 기다리고 있단다.
그런데 무엇보다, 공모의 주범 여우가
네 마지막 파멸을 작심했어.
그러니 얘야, 내 말 명심하여,
절대 여우의 속임수를 믿지 마라.
또 만일 내가 외출한 사이, 여우가 오면,
속임수에 넘어가지 않게 문을 꼭 걸어 잠가라.
그가 어떻게 하든, 그 요청에

문을 열어주어서는 안 된다.
  이렇게 염소는 제멋대로인 아들을 가르쳤고,
아들은 모두 따르겠다고 대답했네.
수심에 찬 엄마는 밖으로 나가다,
우연히 문지방에 걸려 넘어졌어.
발이 걸려 다소 놀라고
(그런 일은 불운의 징표라는 나쁜 평이 있었거든)
겁이 많이 났으나 엄마는 집을 나섰네.
어린 것은 문을 꼭 걸어 잠갔어.
엄마가 떠난 후 얼마 되지 않아 곧,
사기꾼 여우가 집에 왔네.
여우가 아니라 정말 가난한 봇짐장수처럼,
봇짐 속에 종, 인형, 거울 같은
하찮은 것들을 넣고 묶어
등에 짊어지고 왔어.
머리가 아프도록
꼭 끼는 모자를 쓰고,
뒷다리는 너무 추워 통풍이 들어,
헝겊으로 싸맨 채 말이야.
여우는 짐을 문에 내던지고는

드러누워, 아이고, 아이고 하며 신음했어.
아이고 주님, 선하신 자비시여,
어느 착한 양반이 저를 한번만 불쌍히 여기게 하소서.
어린 염소는 이 아파하는 신음 소리를 듣고,
그 곤경의 이유를 알고 싶었지.
그래서 삼주문 열쇠구멍 뒤로 가까이
기어가 틈새로 몰래 엿보았어.
하나 그게 그다지 감춰지지 않아, 여우는 새끼염소가
보는 것을 알아차렸어. 거짓에 찬 의도는 이중 눈이 되거든.
아이고 착한 젊은 주인 (그는 소리 지르기 시작했어)
예수님, 제가 보는 저 고운 얼굴을 축복하소서.
내 썩어가는 몸뚱이에 가득한
걱정스런 병에서 자네 몸을 멀리하게.
어린 염소는 그의 암울한 신세를 동정하여,
엄청난 고통의 이유를 물으며,
어디에서 온 누구인지도 물었네.
그러자 사기에 아주 능한 그는,
눈물을 펑펑 쏟으며 말을 만들어냈어.
아이고, 아파라, 아파서 거의 죽은 목숨이야,
한데 자네 심성 덕에 다시 살겠어.

난 불쌍한 양일세, 비록 황갈색이지만.
오랜 여행으로 햇볕에 타서 그러네.
내 할아버지께서 내가 양이라 말씀하셨으니,
난 자네의 아주 가까운 친척일세.
제발 자네 고운 마음씨로, 이렇게 순박한 시골뜨기
비천한 친척을 무시하지 말게나.
자비와 호의를 청하니,
날 도와주어 다가온 죽음을 막아주게.
　여우는 보따리에서 거울을 꺼냈어.
어린 염소는 무심코 거울을 보고,
그 신기함에 푹 빠져, 그 보물을 위해서는
그 무엇도 비싸지 않다 여겼네.
염소는 문을 열었고, 사기꾼 여우는
심하게 절뚝거리며 들어왔네.
꼬리는 다리 사이에 잽싸게 집어넣어,
뒤에 끌리는 꼬리로 정체가 탄로 나지 않게 했지.
　어린 염소는 자기가 본 거울이 너무 좋아,
집 안으로 그를 환대했네.
행상인은 염소 기분에 맞춰 수다를 떨며,
이런 저런 거짓말을 많이 하며,

얼마나 많은 근사한 것을 보여줄 수 있는지 말했지.
그는 보따리 바구니를 열어 방울만 빼고,
다른 물건들을 보여주었는데, 그건 어린 염소가
바구니 안에서 찾도록 남겨놓은 게야.
어린 염소가 방울을 보고 잡으려 몸을 굽히자,
여우는 갑자기 그를 보따리 안에 밀어 넣고 고리를 잠갔네.
여우는 지체 없이 급히 문으로 가서,
염소를 들고 줄행랑을 쳤네.
걱정스런 엄마는 서둘러 집으로 돌아왔는데,
문이 활짝 열려있는 걸 보았어.
기겁을 하고 큰 소리로 아들을 부르기 시작했네.
그러나 아무 대답도 없었어.
엄마는 마룻바닥에 물건들을 보았는데,
아들이 가지고 싶어 했던 것이었어.
무슨 소용이 있나? 그녀는 아들이 죽은 것을 너무나 잘 알았지.
그녀는 크게 소리 내어 울며 몹시 슬퍼하였네.
그것이 어린 염소의 말로인데,
순수로 색칠한 속임수에 주의하지 않았던 게야.
그런 거짓된 친절에 속은 모든 이들을
기다리는 건 정녕 이런 마지막이라네.

팔리노드

피어스, 정말 자네는 핵심을 놓치는군.
과녁을 맞힌다 생각하며, 과녁에서 가장 멀리 벗어나거든.
부탁하는데, 내일 일요일 교회에서,
우리 존 신부님이 강론하시도록,
자네 이야기를 빌려주게.
그분은 의도는 좋지만 강론은 잘 못하시네.
하나 만일 여우들이 그렇게 교활하다면,
모든 목자가 그 점을 잘 알 필요가 있어.

피어스

그것들이 치는 사기에 대해서는 더 이야기할 수 있네.
한데 이제 찬란한 태양이 저물기 시작하는군.
이슬내리는 밤이 지금 다가오니,
서둘러 집에 가는 게 제일 좋을 걸세.

팔리노드의 엠블럼[67]

'믿지 말라.'

피어스 엠블럼

'허면 믿을 수 없는 것에 무슨 믿음이 있나?'[68]

---

[67] 팔리노드와 피어스의 엠블럼은 원문에 그리스어로 쓰였는데, 옮긴이는 이 케이의 주해의 도움으로 우리말로 번역하였다.

[68] 왜냐하면 믿음이 종교의 기반인데 그 믿음이 늘 거짓이라면, 그 종교가 어떻게 지탱할 수 있는가(E.K.).

6월[69]

목가 6

•주제

이 목가는 사랑에 실패한 콜린의 한탄에 전체를 할애하고 있다. (앞서 이야기했듯이) 그는 시골 아가씨 로잘린드를 연모하여 그녀의 마음에 자

[69] 6월의 별자리는 게자리(가운데 위)이며, 실연하여 더 이상 노래하지 않으려는 콜린(제일 오른쪽 양치기)의 발아래에는 그가 부러뜨린 피리 조각들이 널려있다.

리 잡았으나 (잡는 듯 했으나), 사랑하는 친구 호비놀에게 한탄하기로는, 이제 배신당하여 연인에게서 버림받았으며, 그녀는 불충하게도 콜린 대신 다른 양치기 메날카스의 연인이 되었다. 이것이 이 목가의 전체 주제이다.

호비놀

이보게, 콜린, 여기 이 자리가 기분 좋고 즐거우니,
방황하는 내 마음은 다른 그늘은 단념하겠네.
말해보게, 여기서 내가 즐겁게 일하는데, 뭐가 부족한가?
순박한 공기, 부드럽게 살랑대는 바람,
그 어디에도 찾을 수 없는, 정말 고요하고, 정말 시원한 곳이야.
고운 데이지로 꾸며진 풀밭,
검은 딸기나무 덤불, 온갖 종류의 새들이 그 안에서,
떨어지는 물소리에 화음을 맞추고 있네.

콜린

오 행복한 호비놀, 자네 상황을 축복하네,
아담이 잃어버린 낙원을 찾았으니.
여기서 자네 양 떼는 아침이건 저녁이건,
늑대들에게 시달릴 두려움 없이 돌아다닐 수 있겠지.
여기서 자네는 고운 노래를 마음껏 자랑할 수 있고.

하나 불행한 내 신세, 잔인한 운명과
분노한 신들이 이 끝에서 저 끝으로 추격하니,
불운한 내 머리를 가릴 곳은 어디에도 찾을 수 없네.

호비놀

그럼 내가 자네에게 충고해도 좋다면,
이렇게 자네 넋을 빼놓는 땅을 떠나게.
보호처도, 호랑가시나무도, 들장미도, 구불구불 유연한 느릅나무도
보이지 않는 저 언덕을 제발 떠나게.
그리고 계곡으로 가게. 거긴 양치기들이 잘 살고,
새끼 잘 낳는 양 떼가 사방에 보인다네.
거긴 역청보다 더 검은 밤까마귀들[70]도 살지 않고,
정령 같은 유령들이나 섬뜩한 올빼미들이 날아다니지 않네.

친근한 요정들이 수많은 미의 여신들과 만나고,
발걸음 가벼운 님프들은 헤이더가이춤 추며

---

[70] 밤까마귀들은 도처에 날아다니는 온갖 불행들을 의미한다(E.K.).

기분 좋게 가지런히 땅 밟으며 오래 머무는 밤을 뒤쫓을 수 있네.[71]
그동안 높은 파르나스 산에 살고 있는 아홉 자매들[72]은
그들이 더 즐겁도록 음악을 연주하지.
판 신도 수정 같은 그들 얼굴에 입 맞추며,
달님 포이비가 환히 비출 때 피리 불며 춤출 걸세.
그곳에서는 그런 비할 데 없는 즐거움을 누린다네.

콜린

젊은 시절, 근심 없는 세월 속에,
사랑의 사슬에 매이지 않고 다닐 때,
나도 동년배 가운데서 그런 즐거움을 누렸네.
하나 나이드니 그런 즐거움은 꺼려지고,
내 욕망 또한 이전의 어리석은 것들을
떠나 걸음을 멈추었어. (옷 표면이 낡아 닳듯이)
시간이 지나 닳아지면, 머리에 서리와 더불어,
새로운 즐거움이 다가 온다네.

---

[71] 헤이더가이는 시골 춤의 일종. 이 연의 비유는, 달빛에 여신들과 님프들은 뮤즈들에 맞춰, 판은 자신의 음악에 맞춰 밤새 춤춘다는 의미이다. 대지의 즐거움을 표현하고 있다(E.K.).

[72] 아홉 뮤즈들.

그 시절 나는 사랑을 노래하고, 운율로 엮은
애처로운 한탄에 내 피리의 음을 맞출 수 있었네.
그때는, 로잘린드에게 주려고 설익은 여왕사과[73]를
찾아다니곤 했고, 내 일과는 여름날 그늘에서,
그녀의 황금 머리에 씌울 왕관, 화려한 화관을 엮는 것이었어.
하나 나이가 들어 그녀를 잃어버리니,
그녀의 사랑을 내 생명으로 여겼기에,
피곤하게 실없이 노는 그 사랑 놀이들은 싹 지워 버렸어.

호비놀

콜린, 난 여름날 종다리 노래보다,
자네가 황량한 언덕에서 부르던
가락과 노래가 더 듣기 좋아.
그 노래는 근처 숲속에 메아리로 울려 퍼지며,
햇살을 피해 나지막한 어린 나무의
그늘진 잎사귀 속에 숨은 새들에게 가르쳤지,
자네 노래 따라 즐겁게 지저귀거나,
자네 고운 시가(詩歌)에 부끄러워 입 다물라고.

---

[73] 여왕사과는 익는 철이 이르고 색이 붉은 것이 특징이다.

자네 귀리 피리가 울리기 시작하면,
이내 칼리오페는 많은 뮤즈들과 함께,
상아 류트와 작은 북을 버려두고,
둘러앉아있던 샘에서 황급히 달려 나와
자네의 맑은 은빛 소리를 쫓아갔지.
하나 자네가 솜씨를 보이는 곳에 와서,
양치기가 자기네 기술을 능가하는 것을 보고,
그들은 몹시 당황해 부끄러워 뒤로 물러섰었지.

콜린

호비놀, 난 뮤즈에 대해 아무 것도 모르네.
그분들은 지극히 높으신 죠브의 따님들,
평범한 양치기의 시쯤이야 우습게보시지.
판이 아폴로와 겨루다 그 때문에
많은 고초와 위험에 처했다 들었네.
난 주제넘게 파르나스 언덕에 오를 맘은 추호도 없고,
낮은 숲 그늘에서 낮은 소리로 피리 불며,
비록 형편없다 해도 스스로 만족할 따름이네.

누가 내 노래를 찬양하든 나무라든 조금도 개의치 않고,
명성을 얻거나 다른 사람들보다 뛰어나려 애쓰지도 않네.

날아가듯 없어지는 명성을 쫓는 건, 양치기에게 어울리지 않고,
단지 양들에게 가장 좋은 들에서 양치는 게 제격이야.[74]
내 운(韻)이 거칠고 촌스런 차림새라는 걸 알아.
그것이 내 근심어린 상황을 엮어내기에 더 알맞네.
내 불안을 그리고 내 구슬픈 한탄을
운율로 쏟아내기엔, 그것으로 충분하다네.

양치기들의 신 티티루스[75]는 돌아가셨네.
그분은 내게 소박한 작시법을 가르치셨어.
생전에 그분은 모든 양치기들이 사랑한,
양치기들의 우두머리셨네.
슬픔을 잘 풀어내고, 사랑이 마음속에 불붙인
불꽃들을 가볍게 누그러뜨릴 줄 아신 분이셨지.
양들이 주위에서 안전하게 풀을 뜯는 동안,

---

[74] 스펜서가 베르길리우스를 모방하여 목가시를 통해 시인으로 등단하고 콜린 클라우트라는 양치기의 모습으로 이 작품에 등장하는데, 그것은 사회적으로 낮은 계층의 양치기의 신분에 이제 출발한 시인으로서의 그의 경력이나 능력을 겸손하게 빗대기에 매우 적절한 시적 장치라고 할 수 있다. 'shepherd'를 종교적 '목자'의 비유로 이미 사용했듯이, 스펜서는 이 단어가 함축하는 의미를 십분 활용하고 또 목가시 장르가 가진 문학적 잠재력 또한 여러 가지 차원에서 최대한 이용하고 있다.

[75] 초서.

우리가 깨어 있게 재밌는 이야기를 할 줄 아셨네.

이제 그분은 돌아가시어 납관에 누워계시고,
(오 죽음이 그분께 왜 그리 잔혹해야 했는지?)
그 모든 탁월한 재능은 그분과 함께 달아나 버렸으니,
그분의 명성은 나날이 커가고 있네.
한데 그분의 박식한 머릿속 샘에서,
단지 몇 방울만 내게 흘러내리면,
나는 곧 이 숲에게 내 슬픔을 소리 내어 울라 가르치고,
나무들에게 뚝뚝 떨어지는 눈물을 흩뿌리라 가르치겠네.

그러면 사랑의 배신으로 인한 내 한탄은,
내 모든 고통스런 고뇌의 전달자가 되어,
내 사랑이 어디에 있든 그녀에게 날아가,
마땅한 비난의 가시로 그녀 마음을 찌를 터인데.
이런 치명적인 원한을 심었으니 그녀는 그런 대접을 받아 마땅하고,
메날카스, 너는 기만행위로
내 아가씨를 꼬여내어 그리 가볍게 만들었으니,
너의 그런 비행이 알려지는 것이 마땅하구나.

하나 난 내가 바라는 그런 사람이 못되니,
언덕이나 계곡이나 다른 어디에서건,
양 치는 온유한 양치기들아,
참으로 사악한 이 모든 행실의 증인이 되어주게.
그리고 아가씨에게 말해주게, 그녀의 꽃은 잡초가 되었고,
흠 없던 신뢰의 짝은 신뢰할 수 없는 짝으로 변했으며,
이 땅에서 가장 진실하고, 그녀를 가장 소중히 사랑한
양치기 마음에 피를 흘리게 했다고.

호비놀

오 콜린, 근심 가득한 자네 처지가 참 안됐네,
자네 눈물은 가장 딱딱한 부싯돌도 녹아내리게 할 걸세.
오 신뢰할 수 없고 품위 없는 로잘린드,
네가 이 모든 애처로운 서러움의 뿌리구나.
한데 이제 집으로 갈 때인 듯하네.
그러니 복 받은 양들아 일어나 어서 집으로 가자.
밤이 슬그머니 걸어와 너희를 더디게 하여,
너희 곁에 걸어가는 어린 양들을 젖게 하지 않도록.

콜린의 엠블럼

'희망은 완전히 사라졌다.'

7월[76]

목가 7

•주제

이 목가는 착한 목자들을 기리며 찬양하고, 교만하고 야심 많은 목자들을 비난하고 그들에게 수치를 주기 위해 지었다. 모렐이 여기서 그런 나쁜

76 7월은 사자자리(왼쪽 위)의 달이며, 가운데에는 높은 자리에 올라 자기를 높이고 가축을 제대로 돌보지 않는 모렐이 언덕위에 앉아있다.

목자로 그려진다.

토말린

저자가 바로 교만한 염소치기[77] 아닌가?
　저 언덕 위에 앉아있다니,
제 염소들은 길을 잃고
　악취 나는 덤불 속에 옹송그리고 있는 판에.

모렐

이보게, 유쾌한 양치기 양반들,
　내가 있는 언덕에 올라오게.
양 떼와 자네들에겐 여기가,
　낮은 평지보다 더 나을 게야.

토말린

아 이 사람아, 하느님은 올라가서

[77] 염소는 성경에서 사악하고 패덕한 자를 의미하는데, 이 목자 또한 그런 자임에 틀림없다(E.K.).

높아 보이는 법은 배우지 말라 하시네,
이런 말이 널리 퍼져있네, 종종
위대한 등산가들이 떨어져 흉한 꼴이 된다고.
낮게 놓인 계곡에선 빨리 걸을 수 있고,
길도 그다지 위험하지 않아.
그리고 조심성 없이 서둘다 넘어져도,
크게 잘못되지 않지.
이제 태양이 이글이글 타오르는
불마차를 높이 올려,
분화구자리와 북쪽왕관자리
사이를 지나가네.[78]
태양이 뒷발로 선 사자자리를,
역한 냄새 풍기는 개자리로 급히 몰아 사냥하고,
악에 받친 개 짖는 소리는
고통과 역병, 음울한 죽음을 급히 불러오고 있네.[79]

---

[78] 분화구자리와 북쪽왕관자리는 하늘의 별자리로, 그 사이를 태양이 7월에 통과한다(E.K.)

[79] 태양이 개로 사자를 사냥하는 것처럼 말한 것은 시적인 표현이다. 그 의미는, 7월에 태양이 사자자리에 있는데, 이때 개자리, 시리우스 혹은 카니큘라로 불리는 천랑성이 다스리며 과도한 열기로 역병, 가뭄 그리고 많은 질병들을 일으킨다(E.K.).

잔인하게 모든 걸 태울 듯 뜨거운
  열기를 피해 자네는 어디에 숨을 겐가?
황량한 언덕은 태양의 위협에
  훤히 드러난 장소라네.
한데 자네가 순박한 시골 양치기와
  한담을 나누고 싶다면, 내려와서
이 토말린이 이야기해줄 수 있는
  보잘 것 없는 것이나마 배우게.

모렐

모렐

이 게을러빠진 바보 같은 친구야,
  자네는 일을 너무 심각하게 생각해.
바보 같은 말로, 이해 안 되는 소리로,
  내 눈을 속일 작정이구먼.
시절이 나쁘면 자네는 이렇게,
  거룩한 언덕을 비난하려 드는데,
그 언덕은 성인들에게 바쳐진
  거룩한 곳, 그분들 이름을 딴 곳이네.
서쪽 해안을 지키는
  성 마이클 산을[80] 누가 모르나?
성 브리짓 언덕은, 내 생각에,

켄트 사람 모두가 자랑하는 것이 당연하네.
또 뮤즈의 능력을 알고 있는 이들은
대부분 이렇게 말하지,
뮤즈들은 (염소치기들이 드나들던)
언덕에 있는 학식의 샘 곁에 살고 있다고.
게다가 위대하신 판 신 그리스도께서도
올리브 동산에 머무시고,
당신께서 직접 낳으신,
복된 양 떼 단 지파[81]를 기르시지 않았나?

토말린

오 복된 양들, 오 위대한 목자시여,
당신 양 떼를 그렇게 비싼 값을 주고 사시어,
양 떼를 물어뜯으려는 늑대들에게서,
피땀 흘려 구하셨네.

---

80 영국 서남부 콘월 지방 끝에 있는 곳.

81 단 지파는 이스라엘 민족의 한 지파인데 여기서는 이스라엘 민족을 대표한다.

모렐

게다가, 성인들 말씀에 의하면,
　타이탄[82]이 바다에서 떠올라
일상의 경주를 시작하는
　구릉진 언덕이 있다네.
그 꼭대기엔 별들이 머물고,
　온 하늘이 그곳으로 기우는데,
포이비가 양치기 엔디미온이 오래 꿈꾸도록
　눕혀놓은 동굴이 있는 곳이야.[83]
옛날 모든 양치기들이 마음껏
　양들을 치던 때가 있었으나,
어느 양 한 마리가 어리석어 타락하니,
　나머지 양들도 모두 넘어지게 되었어.[84]
이후 양치기들은 기쁨의 장소에
　들어가지 못했지.

---

[82] 태양.

[83] 신화에 의하면, 달의 여신 포이비는 엔디미온을 너무나 사랑하여 그와 함께 있고 싶어 3년 동안 그를 동굴 속에서 잠자도록 했다(E.K.).

[84] 최초 인간들(여기서는 양들에 비유됨)은 낙원, 즉 "기쁨의 장소"에 살았으나, 인간의 선조 아담이 타락하여 그 원죄가 모든 인류에게 이어진 것을 말한다.

그래서 자네가 이 높은 언덕에 오르길
　두려워하는 걸 난 알고 있어.
시나이 산과 성모님의 처소[85]에 대해
　자네에게 더 이야기해줄 수도 있네.
하지만 내 지식을 과시할 필요가 별로 없이,
　우리의 이 언덕이면 충분하네.

여기는 거룩한 파우누스들이 자주 오고,
　실바누스도 드나들었지.[86]
여기서 소금기 어린 메드웨이 강이 시작하고,
　그 강에서 님프들이 목욕한다네.
소금기 머금은 메드웨이는
　켄트 계곡 아래로 천천히 흘러내려,
마침내 형 템즈의 염분 섞인 물결과
　한데 섞이게 되네.[87]

[85] 시나이 산은 하느님이 나타나신 곳이고, 성모님의 처소란 기쁨의 장소를 일컫는다(E.K.).

[86] 숲의 신으로 가장한 시인들을 가리킨다(E.K.)

[87] 메드웨이는 켄트에 있는 강 이름으로, 이 강은 로체스터 옆을 흘러 템즈 강과 만나는데, 템즈 강을 형이라고 부르는 것은 템즈 강이 더 크고 바로 바다로 흘러가기 때문

여기는 염소들에게 좋은,
흑미나리아제비[88]와 테레빈이 사방에서 자라네.
앞의 것은 미쳐 날뛰는 새끼염소에게 발라주면 좋고,
뒤의 것은 염소 목 치료에 좋네.
여기 언덕은 천국에 더 가깝고,
그래서 가는 길도 쉽지.
또한 내리쳐 꿰뚫는 번개도 여기로는
거의 떨어지지 않는다는 걸 증명할 수 있네.

토말린

자네, 막돼먹은 무뢰배처럼 말하는군,
하늘을 그렇게 여기다니.
내 비록 본데없고 평범하지만,
더 가까운 지름길을 알고 있네.
교회에 가까울수록 하느님에게서 더 멀어진다는,
옛 어른 말씀이 있네.
별을 만지려고 애쓰는 자는,

이다(E.K.).

[88] 독초의 일종.

지푸라기에도 자주 걸려 넘어지지.
교만한 염소치기가 저기 산에 높이 앉아
기세부리며 나아가듯,
양치기도 하늘에 오를 수 있네만,
그 길은 낮은 계곡으로 이어지네,
내 순박한 양들은 낮은 곳을 참 좋아하고,
흑미나리아재비는 필요 없네.
내 생각에, 내 양들은 건강하고,
자기 사는 곳을 좋아하기 때문이야.
한데 만일 자네 염소들과 함께 있으면,
내 양들은 곧 타락할 걸세.
아니면 퀴퀴한 먹이를 좋아하지 않거나
잡초에 식상할 걸.
나는 성인들이 사셨던 언덕들을
존경하고 흠모하네.
언덕 자체보다 오래전에 돌아가신
성인들 때문일세.
이제 그분들은 먼저 천국에 가시고,
그분들 선행도 함께 갔네.
그 본보기만 남았지,

우리도 따르도록 말일세.
최고의 양치기들은
낮은 목장에서 살았어.
그분 영혼들은 이제 안식을 누리는데
왜 우리가 그분들을 귀찮게 하는가?
옛날 첫 목자[89]가 계셨는데
(알그린드 어른이 자주 하신
말씀으로는) 보잘 것 없는 수입으로
생활한 그런 분이셨네.
더할 수 없이 양순하시고,
순진한 양처럼 순수하시며,
겸손하시고, 모든 면에서
당신이 기르시는 양들 같으셨네.
그분은 자주 당신이 맡으신 양들 중에서
희생제물을 가져오곤 하셨지.
어떤 때엔 어린양, 다른 때엔 다 자란 양으로
제단을 거룩히 하셨네.

[89] 이 케이의 주석에 의하면, 아담의 둘째 아들로 카인에게 죽임을 당한 아벨을 가리킨다.

이렇게 그분은 당신이 찾을 수 있는,
참으로 훌륭한 선물을 주님께 바치셔서,
이후 사람들은 순박한 양치기를,
절대 혐오하지 않게 되었네.
가나안 출신 형제들[90]이
그런 이들이었다고 알고 있네.
전능하신 판의 양 떼를 함께 돌본
열두 형제 말일세.
한데 이다 언덕이 낳은 양치기[91]는
전혀 그렇지 않았어,
그 자는 양 떼를 떠나 아가씨[92]를 데려와,
그 사랑 때문에 비싼 값을 치렀지.

---

[90] 이스라엘 민족.

[91] 파리스·트로이의 왕 프리아무스의 아들로, 그의 어머니 헤큐바가 파리스를 가졌을 때 꿈에 그녀가 가져온 횃불이 일리움(트로이) 전체를 불태우는 것을 보자, 그는 태어난 후 이다 산에 버려졌다. 그는 그곳에서 자라 시간이 흘러 양치기가 되었고 마침내 자신의 부모를 알게 되었다(E.K.).

[92] 헬렌, 라케데모니아의 메넬라우스 왕의 아내. 비너스는 파리스에게 황금사과를 자신에게 주면 헬렌을 주겠다고 약속했고, 활기 넘치던 트로이인이었던 파리스는 그에 따라 그녀를 라케데모니아로부터 몰래 트로이로 데려오는데, 이것이 트로이에서 10년 동안 싸운 전쟁의 원인이며, 온 아시아에서 가장 유명한 도시는 비참하게 약탈당하고 훼손된다(E.K.).

그 자는 교만했고, 그래서 불행한 대가를 치렀는데,
(목자들이 그래서는 안 되지)
음탕한 정욕에 덮어씌웠기 때문이야.
하나 목자는 양순하고 유순하며,
아르구스처럼 눈이 좋고,
육의 어리석음으로 더렵혀지지 않고,
황동 말처럼 굳건해야하네.
모세가 (알그린[93] 어른 말씀으로는) 그런 목자이셨는데,
그분은 창조주의 얼굴을 뵈었고,
그분 얼굴은 수정거울 보다 더 깨끗했으며,
직접 창조주와 이야기를 나누셨네.
그분께 형이 계셨는데 (그 존함[94]을 아는데)
모든 사목자 중 첫째로,
진실한 목자였지만, 내가 앞서 말한 분,
모세만큼 진실하지는 않으셨지.
이 모든 옛날 분들은 겸손하고 자발적이셨고,

[93] 스펜서는 같은 사람에 대해 “알그린”과 “알그린드”라는 이름을 번갈아가며 쓰고 있다.

[94] 모세의 형 아론.

양 치는 것을 사랑하셨고,
  결코 우두머리가 되려고 애쓰지 않으셨고,
그분들 의복은 소박했네.
  그런데 지금은 세상이 좋아져서,
(그래서 하느님 감사합니다)
  목자들은 그분들 옷을 거의 입지 않고,
그런 순박함을 부끄러이 여김이 틀림없네.
  이 목자들은 자주색과
검은 색 옷을 입고,
  창조주께서 축복하셨듯이,
만물을 지배하고 다스리며,
  자기들 원대로, 주군이 되었네.
번쩍 번쩍 황금 허리띠를 두르고,
  (그들은 착한 목자일 수 있었는데)
그 우두머리 판은 그들에게 양들을 팔았네.
  난 누군가 본 대로 말하는 게야.
팔리노드가 (자네 그를 아는지 모르네만)
  최근에 로마로 (그게 로마인지 모르네만)
순례를 갔다가 그때,
  그런 악행을 보았다네.

목자들은 (그 친구 말로는) 거기서,
다른 곳의 제왕들처럼 살고,
양들은 빵껍질을 먹는데, 그자들은 빵을 먹고,
양들은 부스러기를, 그자들은 귀한 것을 먹는다네.
그자들이 양털과 고기도 가지고,
(오 그러는 동안 양들은 너무 순박해)
타작은 다른 이들 몫, 곡식은 그자들의 몫,
그자들은 손을 더럽히지 않아도 되지.
큰 창고와 불어나는 가축들,
대단한 친구들과 힘없는 적들이 있는데,
뭐 때문에 그 자들이 양 떼를 돌보겠나?
시동들이 양들을 돌볼 수 있거든.
이 박식한 양반들은 부의 물결에 젖고,
깊은 쾌락에 빠져 제멋대로야,
그자들에겐 살찐 농부들과 비쩍 마른 악당들이 있어
그 사람들이 허기진 양들을 치고 있어.
그런 부류의 인간들은 모두 잘못된 방향으로 가며,
분노를 언덕처럼 쌓고 있네.
우리에겐 그런 어리석은 목자들이 없지만,
그자들은 그 모든 길을 계속 가고 있네.

모렐

이야기하지 않아 없어졌던,
좋은 소재가 여기 엄청나게 많구먼,
내 이제 알았는데, 자넨 덜그럭거릴 뿐이야.
참견하면 해가 될 수 있네.
목자의 부를 비난하면서,
자네는 감사받을 이상으로 참견하고 있어.
사람들이 살찌고 재산이 풍부해지면,
그건 건강한 징표야.
한데 자네가 그렇게 자주 말하는
알그린 어른이 뉘신지 말해주게.

토말린

그분은 최고 양치기신데,
오랫동안 병으로 누워만 계시네.
어느 날 그분이 언덕에 앉아,
(지금 자네가 나를 앉히려고 하는 것처럼.
한데 나는 알그린 어른의 불운으로
낮은 지위를 사랑하는 법을 배우게 됐지.)
모자 없이 맨머리로 계셨는데,
독수리가 높이 솟아올랐다가,

그분의 흰머리를 백악(白堊)으로 보고,
조개를 떨어뜨렸어.
독수리는 조개를 깨려 한 것인데,
그로 인해 그분 머리가 깨져
그 타격에 놀라,
계속 편찮으셔 누워계시네.

모렐.

아 선하신 알그린 어른, 운이 나빴네만,
시간이 지나면 나아지실 걸세.
이제 잘 가게 양치기, 이 언덕에
오르는데 그렇게 의심을 가지니.

토말린의 엠블럼

'덕은 중용에.'

모렐의 엠블럼

'복락은 지극히 높은 곳에.'

8월[95]

목가 8

•주제

이 목가는 테오크리투스를 모방하여 풍미 넘치는 시가(詩歌) 경연을 그리고 있는데, 베르길리우스도 테오크리투스를 모방해 목가 3과 7을 지었

95 처녀자리 8월의 목판화에는 두 양치기가 노래자랑을 하고 그 사이에 커디가 앉아 심판을 보고 있다.

었다. 사람들은 소치는 젊은이 커디를 경쟁의 심판자로 선택한다. 커디는 경연이 끝나자 진품 시가를 읊는데, 그 노래의 저자는 콜린이라고 한다.

윌리

이봐, 페리곳트, 우리 무슨 놀이 할까,
자네, 놀이로 나와 노래자랑 한번 해보겠나?
혹시 자네 백파이프가 몹시 삐걱거리기라도 한 게야?
혹시 자네 관절이 경련이 나서 통증으로 저리기라도 한 게야?

페리곳트

아 윌리, 마음이 아프고 괴로운데,
백파이프나 관절이 어떻게 제대로 움직이겠나?

윌리

무슨 몹쓸 일로 자네가 이리 됐어?
예전에 자네는 최고나 다름없었고,
유쾌한 양치기들을 즐겁게 하며,
피리불고 춤추는데 다른 사람들보다 뛰어나지 않았나.

페리곳트

아 윌리, 이제 난 새로운 춤을 배웠네.

내 옛날 음악은 새로운 불운으로 못쓰게 됐어.

윌리

나쁜 일은 엎친 데 덮치면서,
우리 즐거움을 앗아가는 법이지.
한데 무슨 고통으로 그리 기가 죽었는지 말해보게.
사랑에 빠졌나 아니면 새끼 양들을 잃어버렸나?

페리곳트

사랑때문에 어린 양들이 잘못되고 나도 잘못되었네.
나는 사랑으로 소리 내어 슬퍼하고, 양들은 내 고통 보고 슬퍼하네.

윌리

참 안됐군. 어린 양들이 제대로 자라지 못 할 수 있어.
사랑에 빠진 사람의 양들이 건강한 걸 난 본 적이 없네.
한데 자네가 나와 시 경연을 하면,
그런 어리석은 망상들은 곧 달아 날걸세.

페리곳트

내 상태가 훨씬 더 나빠지더라도 그리 하지.
페리곳트가 내기를 하지 않았다 말을 해선 절대 안 되지.

윌리

그럼 이봐 페리곳트, 내가 내기를 걸겠네.
단풍나무 옹이로 만든 나무잔일세.
잔속에는 격렬하게 싸우는 곰과 호랑이의
멋진 모습들이 많이 새겨져있네.
그 위를 잘 자란 야생 덩굴이,
마구 뻗은 담쟁이와 엮여 덮고 있네.

그 옆에 늑대 발에 잡힌 양이 있고.
한데 봐, 그 짐승 발에서 죄 없는 것을 구하러,
양치기 젊은이가 얼마나 급히 달려오고 있는지.
그리고 여기에는 그가 지팡이로 늑대를 죽였네.
말해봐, 이런 잔을 본 적 있나?
어떤 추수의 여왕[96]에게나 잘 어울릴게야.

---

[96] 추수 때 추수꾼들 중에 뽑힌 젊은 아가씨에게 주어지는 영예.

페리곳트

그 잔에 난 저기 점박이 양을 걸겠네,
내 양 떼 중에 저보다 나은 놈은 없어.
내가 어미 없이 저 놈을 키웠거든.
한데 콜린 클라우트가 저 놈 형을 뺏아 갔네,
정당하게 이겨서 가져가긴 했지만.
정말 내 뜻과 달리 줄 수밖에 없었어.

윌리

저 놈에게도 같은 일이 일어나리라 생각하게.
한데 내기에 이기고 진 걸 누가 심판하나?

페리곳트

저기 가축치기 말고는 다른 사람이 없군.
완두콩밭을 지나 이리로 서둘러 오고 있는 친구 말일세.

윌리

햇살이 너무 따가우니,
푹푹 찌는 열기는 피하는 게 낫지 않나?

페리곳트

좋아 윌리. 그러면 앉게 커디.
콜린이 부른 노래 말고는, 이런 노래를 들어본 적 없을 게야.

커디

유쾌한 양치기 아저씨들, 마음대로 시작하세요.
커디 같은 심판은 사실 왕에게 어울리죠.

페리곳트 어느 성스러운 저녁에,
윌리 헤이 호 성스러운 날,
페리곳트 신부님이 고백성사 주시는 때.
윌리 지금 이 후렴 달린 노래를 시작하네.
페리곳트 높고 높은 언덕에 앉아,
윌리 헤이 호 높은 언덕에,
페리곳트 양 떼가 곁에서 풀을 뜯는 동안,
윌리 양치기는 빈둥거리다,
페리곳트 발랄한 벨리본[97]을 보았네.

---

[97] 예쁜 아가씨를 일컫는 시골말이나, 실제 어느 아가씨의 이름일 수 있다.

윌리 헤이 호 벨리본은,
페리곳트 혼자 계곡을 넘어 사뿐사뿐,
윌리 아주 사뿐사뿐 걸어가네.
페리곳트 회색 옷 곱게 차려입고,
윌리 헤이 호 회색은 눈물과 고민의 색,
페리곳트 고운 초록 천의 웃옷 입었네,
윌리 초록은 처녀에게 어울리는 색.
페리곳트 머리엔 화관을 썼네,
윌리 헤이 호 화관을,
페리곳트 화관엔 예쁜 제비꽃 가득,
윌리 제비꽃보다 더 예쁜 그녀.
페리곳트 내 양들은 늘 먹던 풀 버려두고,
윌리 헤이 호 순진한 양들은,
페리곳트 그녀를 쳐다보네, 나무가 된 듯,
윌리 양치기도 나무가 된 듯.
페리곳트 아리따운 아가씨는 지나가며,
윌리 헤이 호 아리따운 아가씨는,
페리곳트 내게 시선의 화살 쏘았네, 흘낏,
윌리 수정거울 같이 맑은 시선을.
페리곳트 휘황찬란한 햇살이,

윌리 헤이 호 햇살이,

페리곳트 포이부스 얼굴에서 내리 쏟아지듯,

윌리 그렇게 사랑은 자네 가슴 속에 흘러들어왔지.

페리곳트 혹 천둥이 구름을 가르듯이,

윌리 헤이 호 천둥이,

페리곳트 구름을 가르듯이,

윌리 그렇게 자네 영혼을 산산이 갈라놓았지.

페리곳트 혹 씬시아의 은빛 광선이,

윌리 헤이 호 달빛이,

페리곳트 반짝이는 물결 위에 놀듯이,

윌리 그런 놀이는 가련한 상황이지.

페리곳트 힐끗 준 시선이 내 가슴 속에 미끄러져 들어왔네.

윌리 헤이 호 미끄럼쟁이.

페리곳트 그 시선에 내 영혼은 날카롭게 찔려,

윌리 그 상처들은 곧 점점 커졌네.

페리곳트 화살을 뽑아내려 서두르다,

윌리 헤이 호 페리곳트.

페리곳트 마음 깊은 바닥에 화살촉을 남겨 놓았네.

윌리 그건 절망을 가져오는 한 방이라.

페리곳트 거기서 그것이 점점 마음을 괴롭히네,

윌리 헤이 호 화살아,
페리곳트 내 상처의 약을 찾을 수가 없네.
윌리 사랑은 치유할 수 없는 슬픔.
페리곳트 비록 죽음으로 내 보석금 지불해도,
윌리 헤이 호 무거운 기색,
페리곳트 하나 그 아가씨 생각을 버리지 못하네.
윌리 그럼 자넨 너무 비싼 금을 사는지도 몰라.
페리곳트 하나 내가 고통스런 사랑으로 비통하든,
윌리 헤이 호 쥐어뜯는 고통아,
페리곳트 내 재산이 번창하든, 그녀는 내 것이 될 것이네.
윌리 한데 만일 자네가 그녀를 얻을 수 있다면 말일세.
페리곳트 만일 내가 사랑받지 못한 슬픔으로 죽으면,
윌리 헤이 호 무정한 슬픔아,
페리곳트 그녀가 눈으로 나를 살해했다 증언해주게.
윌리 자네 어리석음이 입증하리.
페리곳트 그리고 너희들, 그걸 본 순박한 양들은,
페리곳트 헤이 호 아름다운 양들은,
페리곳트 그걸 입증하려고 내 죽음을 슬퍼하며,
윌리 몹시 조소하며 신음하리라.
페리곳트 이렇게 어느 성스러운 저녁에 난 사랑을 배웠네,

윌리 헤이 호 성스러운 날,
페리곳트 그 이후 내 마음은 슬프네.
윌리 이제 우리 후렴 달린 노래도 끝나네.

커디
이런 노래를 들어본 적이 없어요.
페리곳트 아저씨는 최고라 해도 손색이 없네요.
윌리 아저씨도 못지않고요,
화답가도 아주 좋았어요.

윌리
양치기 친구, 자네 눈이 삐딱하군.
공정하게 말하게, 누가 이겼나?

커디
진심으로, 제 판단에 두 분 다 이겼어요.
양은 윌리 아저씨 것이에요.
페리곳트 아저씨도 아주 많이 노력했으니,
아저씨께는 조각된 나무잔만 주세요.

페리곳트

난 판결에 아주 만족하네.
윌리도 잘못 없는 양치기를 비난할 수 없지.

윌리

미(美)의 여왕을 판결한 이다의 양치기[98]도,
아름다움을 이보다 더 바르게 심판했다고 생각지 않아.

커디

한데 양치기 아저씨들, 콜린이 지은
로잘린드에 대한 (누가 로잘린드를 모르랴?)
슬픔에 찬 노래를 듣는 게 아저씨들 방금 부른 노래를
부끄럽게 만들지 않으면, 제가 그걸 한번 읊을 게요.

페리곳트

자 커디, 자네는 젊은이니, 읊어보게.
즐거운 일로 슬픈 일에 관여하는 것이 좋지.

---

[98] 트로이의 왕자 파리스.

윌리

진심인데, 그 노래를 읊으면,
자네가 콜린 대신 왕관을 쓸 걸세.
콜린이 노래하는 것이나 콜린이 지은 노래를 듣는 것보다
세상에서 내게 더 즐거운 일은 없거든.

커디

그러면 제 우울한 노래를 들으며,
아저씨들 피리 음을 되도록 슬픈 가락에 맞추세요.

너희 황량한 숲들아, 내 한탄이 자주 네 안에서 울렸으니,
내 서러운 슬픔을 증언해다오.
너희 근심 없는 새들은 내 울음을 잘 알고,
내 울부짖는 소리는 네 노래의 일부가 되곤 했지.
쾌적한 샘은 자장가 되어 나를 자주 잠들게 하고,
흘러내리는 내 눈물은 흐르는 샘물을 자주 불어나게 했었고.
사람들의 왕래는 내 슬픔을 더하고,
담으로 둘러싸인 마을은 내 서러운 슬픔을 더 크게 하누나.
근심 가득한 내 눈물의 공허한 메아리가
되울리기에 넓은 숲이 더 어울리는구나.
집이 싫구나, 내 사랑이 그곳을 떠나,

그녀가 없어 애틋하니 내 눈은 잠 못 이루네.
눈물아 흘러 잠자리가 되어라. 달콤한 모든 것은 사라지고,
내 애절함을 크게 할 수 있는 모든 것이 가까이 오는구나.
침대와 침실은 너무나 휑하여, 지나간 즐거움의 한 조각조차
찾지 못할 때, 내 울부짖음으로 가득 찬
침대나 침실보다 거친 숲이 내 서러운 슬픔을 소리내 울고
내 슬픔을 울리기에 더욱 어울리누나.
그러니 여기 섬뜩한 숲에
나 홀로 떨어져 살리라, 마지막 잠이 내 눈을
덮을 때까지. 그리하여 이리 변한 상황으로 인해
들썩거리는 슬픔이 더 커지지 않게 하리라.
나를 도와주렴, 못된 새들아, 너희의 비명소리는
끔찍한 죽음의 징표, 내 죽음의 울음소리에
가장 애처롭게 곡조를 맞추는구나. 자연이 잠을 갈망하는
밤 내내 너희가 듣고 있는 내 울부짖음은
(내 서러운 슬픔을 조금도 보여주지 못하고) 커져만 가니,
너희의 짜증스런 고함 소리도 점점 커져라.
이렇게 나는 한탄으로 밤을, 슬픔으로 낮을
허비하기로 맹세했네. 그녀가 아무 탈 없이
집으로 돌아오고, 그 은구슬 같은 목소리가

활기 없는 내 울음을 활기찬 노래로 바꿀 때까지.
이제부터 나는 나이팅게일[99] 편을 들리라,
저 복된 새는 자신의 슬픔을 낳은
그의 악행에 대한 기억을 더욱 더하려,
노래와 애절한 애원으로 잠시간을 지새웠도다.
그러니 아무 슬픔도 못 느끼는 너희들, | 밤마다 울부짖는
내 소리를 | 멀리서 듣거든,
곤한 잠에서 깨어나 | 나를 더욱 동정해 주려무나.

페리곳트

오 콜린, 양치기들의 기쁨인 콜린,
그 친구의 시는 가락 마다 정말 좋아.
그리고 커디, 생기 찬 커디, 내 정말 아끼는 젊은이,
자네는 그의 슬픔을 너무 슬프게 잘 읊었네.

커디

---

99 그리스 신화에 의하면, 아테네의 공주 필로멜라(혹은 필로멜)는 형부 테레우스에게 겁탈당하고 혀를 잘린 후 감금된 상태에서, 형부의 만행을 베로 엮어 짜 언니 프로크네에게 보내 두 사람은 함께 테레우스에게 복수하였다. 그 후 필로멜라는 슬픈 노래를 부르는 나이팅게일로 변신했다고 한다.

그러니 양치기 아저씨들, 피리를 부세요, 집에 도착하실 때까지.
밤이 빠르게 다가오니 가야 할 시간이고요.

페리곳트의 엠블럼

'패자의 영광은 승자에게.'

윌리의 엠블럼

'정복되었으나 아직 굴복하지 않았네.'

커디의 엠블럼

'행복할 자는 행복하여라.'

9월[100]

목가 9

•주제

이 목가에서는 디건 데이비가 목자로 나오는데, 그는 더 많은 이익을 얻을 희망을 안고 양들을 몰고 먼 나라로 갔었다. 그는 호비놀의 요청으로,

100 9월은 천칭자리(왼쪽 위)에 속하며, 왼쪽 양치기가 먼 나라에서 고생하고 누더기를 걸친 지친 모습의 디건이다.

가톨릭 고위 성직자들의 비 복음적인 생활과 악행에 대해[101] 전반적인 이야기를 한다.

호비놀

디건 데이비, 잘 지내나.
디건인가 아니면 내가 디건으로 잘못 봤나.

디건

맞네, 대낮이었을 때는 디건이었네,
한데 지금은 제일 불쌍한 놈이야.
낮이었는데, 낮이 너무 빨리 지나가,
이제 이미 어두운 밤이 서둘러 오고 있네.

호비놀

디건 설명해보게, 누가 자네에게 이런 옷을 입혔나?
난 자네가 이렇게 형편없는 상황에 있는지 몰랐네.
자네가 몰고 다니던 그 좋은 양 떼는 어디 있나?
팔렸나? 아니면 불행한 사고로 죽었나?

---

[101] 각주 64) 참조.

디건

아 자네에겐 양 떼가 제일 소중하지,
호비놀, 제발 지나간 슬픔을 건드려 덧나게 하지 말게.
그리 물으면 새로운 슬픔이 생기네,
슬픔이란 그 뚜껑이 하나 열리면 더 많이 열리기 마련이야.

호비놀

아닐세, 가슴속에 꼭 숨겨 간직한
슬픔은 짐스런 상처가 되네.
말하고 나면 짊어지기가 더 쉽네.
비가 오고나면 구름은 걷히게 되지.
또 이제 자네를 마지막으로 본 후,
아홉 달이 꼬박 다하고도 지났네.
그동안 자네가 여러 지방을 다니면서,
온 세상을 돌아다닌 걸 알아.
그러니 자네는 많은 이야기를 해 줄 수 있네.
한데 먼저 자네 양 떼의 상태에 관해 말해보게.

디건

내 양들은 길을 잃었고, (그래서 슬프네)
예전에 활기차던 양치기는,

이제 기운이 없고, 더 이상 양치기도 아니야.
외국은, 사람들 말로는, 풍요롭다 했어.
그렇기는 해. 하지만 불행으로 가득 차 있어.
난 거기서 재산이 많이 늘었다 생각했네만,
그로 인해 마음이 아프네.
내가 다녀온 저 나라들은,
진실한 사람들이 살 곳이 아니라,
이득을 바라고 사기 치는 자들이 살 곳이고,
있을 만한 곳이 못되는 그런 나라일세.
수치스럽게도 저들은 직책을 팔고,
자기 이름을 매매하고 있네.
목자들은 서로 도둑질을 하고,
형제를 속이려고 미끼를 놓네.
아니면 저들은 양우리에서 형제의 양을 사거나,
아니면 목자의 목을 자르는 짓도 할 걸세.
목자라는 친구를 자네가 잘 알 수는 없어,
하나 그 교만으로 다른 사람들과 구별되지.
그자들은 잘 먹인 황소같이 거대해 보이고,
자기 똥 더미 위에서 대담하게 울고 있는 수탉처럼,
그 목이 아주 뻣뻣하고 오만하네.

호비놀

디건, 내 몸이 너무 뻣뻣하고 지쳐서,
더 이상 거의 서있을 수가 없네.
그리고 지금 서풍이 심하게 불며,
최고로 힘을 발휘하여,
마른 잎을 쳐서 나무에서 떨어뜨리고 있네.
여기 언덕 아래 피해 앉아,
마음껏 이야기하며,
휘몰아치는 강풍을 조롱해 보세.
자 이제 뭐든 계속 이야기하게, 디건.

디건

호빈, 아 호빈, 이 땅을 떠나기로 계획했던,
그 불행의 순간이 저주스럽네.
아 아 내가 너무 어리석어,
손에 쥔 좋은 걸 버리고,
알지도 못하는 더 좋은 걸 바랬어.
그래서 개는 입에 물었던 고기를 잃어버린 게야.[102]

---

[102] 디건은, 이솝 우화에서 먹이를 물고 가던 개가 다리 위를 지나다 물에 비친 자기 모

예전에 여기저기서 키우던,
내 순진한 양들은 (아 순진한 양들),
자네도 봤다시피, 모두 튼튼했는데,
고통과 가난으로 모두 죽어가고 있네.
나 자신도 같은 고통을 거의 벗어날 수 없어서,
집으로 다시 돌아오지 않을 수 없었네.

호비놀

아 어리석은 친구, 이제 손실을 통해,
변화가 그다지 더 나은 게 아니란 걸 배웠구먼.
시련의 상황에 만족해 살면,
찌푸린 운명의 변화를 두려워할 필요가 없지.
하나 알지도 못하는 이익을 찾으면,
흔히 손해보고 살고, 고통 받으며 떠나게 돼.

디건

호빈, 내가 어쩌다 헛된 욕망에 홀려,

습을 보고 먹이를 얻으려고 짖다, 그만 자기 먹이를 물에 떨어뜨린 어리석은 개에 자신을 빗대고 있다.

부자가 되고 싶어 했는지 모르겠네.
하지만 찬란한 별은 멀리 있을 때,
그래, 더 크게 보이는 것과 같은 게야.
난 그 땅이 날 부자로 만들 거라 생각했네,
한데 이제 전혀 그게 아니란 걸 알았어.
목자들은 게을러 꼼짝도 않고,
제 뜻대로 양들을 인도하거나,
거짓되고 시기심에 가득 차,
잘못된 사업들을 많이 시도했네.
한데 더 많은 목자들은 사기와 악에 사로잡혀,
선이나 선량함에서 기쁨을 얻지 않고,
도리어 불화와 갈등의 석탄을 지펴,
그걸로 온 세상에 불을 놓고 있다네.
그 불을 다시 끄려는 생각에
성수(聖水)로 다들 흠뻑 젖게 만든다네.
저 목자들은 하늘로 가는 지름길을 안다고 말하나,
내 맹세코 반박하네만,
저들은 그 길에 발을 들인 적이 결코 없고,
바른 길을 벗어나 멀리 방황하고 있네.
저들은 악마를 제압한다고 호언장담하나,

그래서 뭘 저당잡고 있는지 한 번 물어보게.
제길, 위대한 판 신께서 슬픔의 지옥에서
구해내시려 비싼 약속으로 사신 저들 영혼이라네.
한데 저들은 그걸 오래 전에 팔아버렸어.
그래서 더 많은 이들을 자기들에게 끌어들이려는 게지.
하나 저들 끼리나 하느님의 이름으로 가라고 해.
저들이 빚었으니 그 비난을 지라고 해.

호비놀

디건, 제발 그렇게 어둡게 말하지 말게.
그런 식으로 말하면 너무 모호해.

디건

그럼 목자의 가장 중요한 점을 단적으로 말하면,
최고라는 자들이 나빠서 (이 말은 명백해.)
그들의 그릇된 행동, 교리와 신앙 모두,
사람들이 비난하고 있네.
세상이 예전보다 훨씬 더 악한 것은,
목자들이 멍청하고 무지하기 때문이라고들 하네.
어떤 이는, 얼마나 진실인지 모르나,
그 목자들이 자기네 가축우리를 부끄럽게 여긴다 하네.

어떤 이는, 그 목자들이 너무 많은 세상일에 빠져
세상이란 여자를 꾸미고 그 머리를 풍성하게 만드느라 정신없어
그들 사이에 그런 잘못들이 자란다는
말을 안 하려고 (혀 위의 뜨거운 석탄을) 참고 있네.
그래서 자네가 가까이 가보면,
연기가 나는 굴뚝이 몇 안 될 걸세.
외양간에 있던 살진 수소들은,
이제 그들 주머니라는 외양간에 꽉 잡혀있네.
이렇게 사람들은 머리가 많이 달린 괴물 같은,
저 목자들에 대해 이야기하고 있네.
그런데 문제의 핵심에 근접하는 사람들 말로는,
다른 자들이 그들 수염에서 떨어지는 기름을 핥아먹는다네.
바산의 거대한 황소들이 저들을 에워싸고,
뿔로 더 세게 들이박고 있는 거지.
한데 발에 짓밟힌 야윈 영혼들은,
치료를 받으려 해도 도움도 거의 못 받네.
저 목자들은 그 영혼들에게서, 회복하는데 드는 선보다
더 많은 것을 뜯어가고 있네.
저들은 풀로 뒤덮인 험한 습지 같아서,
자네 나막신이 한번 꽉 붙들리면,

그것을 빼내려 애쓰면 애쓸수록,
더 깊이 더 깊이 가라앉게 되네.
그러니 힘껏 맞붙어 싸우다 전부를 잃느니,
차라리 약간 손해보고 그만두는 게 낫지.

호비놀

자 디건, 내 보기에 자네 너무 솔직하게 말하는군.
치료할 수 없는 것은 약간 꾸며서,
깨끗하게 덮는 게 상책이야.
그런 재앙은 어쩔 수 없으니 참아야지.
한데 그런 목자들은 양들을 어떻게 다루나?

디건

그 목자에 그 양들이야,
그 양들은 목자의 목소리를 듣지 않고,
자기가 원하는 때 그가 부르지 않으면,
제 뜻대로 돌아다니고 마음대로 옆길로 새 나가,
여가가 나야 우리에 들어오네.
한데 부를 때 왔더라면 더 좋았을 것을.
많은 양들이 잘못에 빠지고,
포악한 늑대에게 찢겼는데,

온순하지 않고 말을 잘 듣지 않았기 때문이야.

호비놀

디건, 자네 참, 온갖 험한 거짓말을 하는군,
색슨 왕[103]이래로,
켄트 전 지역이나, 그리스도교 왕국이나,[104]
많든 적든 늑대가 나타난 적이 없네.
한데 (진실은) 늑대가 적으면 적을수록,
여기는 여우들이 더 많이 남아 있다네.

디건

그렇지, 하지만 그것들은 더 은밀하게,
양의 탈을 쓰고 변장하고 다니는데,
숲 관리원이나 사냥꾼들이 무서워,

---

[103] 에드가왕 (943-975). 브리튼의 왕으로 당시 그 나라에 그득하던 늑대들을 적절한 정책을 써서 모두 다 없애버렸다. 그래서 그 이후로 외국에서 이 땅으로 들어오지 않는 한 늑대들이 없었다. 그러므로 호비놀은 잉글랜드에 늑대들이 있다는 말은 사실이 아니라고 반박하고 있는 것이다(E.K.)

[104] 이 말은 이상하고 이치에 맞지 않는 듯하다. 하지만 오래된 격언이고 상용구이기는 하다. 이 말의 원래 의미는, 에델버트 왕 치세 때 잉글랜드 대부분 지역이 그리스도교화 되었고 켄트만 예외로 이후 오랫동안 신앙을 받아들이지 않고 그리스도교화 되지 않았기 때문에, 켄트는 그리스도교 땅으로 간주되지 않았다는 것이다(E.K.)

옛날처럼 그렇게 널리 나다니지는 않아.
하나 자기들 본 모습이 알려질까 봐,
몰래 몰래 여기 저기 살금살금 다니지.

호비놀

어떤 놈이 몰래 다니든 공공연히 다니든,
우리는 그것들 가죽을 찢어놓을 큰 사냥개들이 있네.

디건

그래 자네 개는 대담하고 큰 놈이지,
그것들 털가죽에 신나게 구멍을 만들어 놓을 걸세.
한데 개들이 그것들을 쫓아낼 필요 없이,
조심성 많은 목자라면 그것들 얼굴을 분별할 수 있네.
행동거지는 아주 진중하고 완벽하지만,
얼굴에 모든 술책이 드러나거든.
한데 얼마 전에 로핀 어른께[105] 일어난
일에 대해 이야기해줄까?

---

105 로핀은 마로의 『로빈과 왕의 목가』에 등장하는 양치기로, 여기서 디건은 그를 양 떼를 매우 잘 돌보고 간수하는 목자로 칭찬하고 있다(E.K.).

호비놀

무슨 일이건 숨김없이 말하게, 디건.
그분께는 좋은 일만 있어야 하네.
그분은 정말 온유하고 슬기롭고 자애로우시며,
말과 행동이 일관된 분이시지.
콜린 클라우트와 내가 그분 양들이었네,
(아 콜린은 예전에 나의 기쁨이었는데)
하느님은 이렇게 양들을 잘 돌보는
그런 목자들을 많이 보내주셨어.

디건

나도 당연히 바로 그 목자 어른께 관심을 가지네.
그분께는 물고 짖는 개가 한 마리 있는데,
나뭇잎 하나만 흔들려도 잠깨는
그런 개를 가진 목자는 지금껏 없었어.
예전에 목구멍으로 많은 양들을 집어 삼킨,
못된 늑대가 살았는데,
언제나 밤에 그 착한 어른이 잠자리에 드실 때,
하늘이 맑게 빛날 때면,
그 놈은 순박한 양의 탈을 쓰고,
양들에게 가곤 했네.

그리고 그놈은 한밤중에 울고 짖어대곤 했어,
(그놈이 개 짖는 소리를 배웠거든.)
마치 늑대가 양들 사이에 있는 것처럼 말이야.
그 소리에 목자 어른은 잠이 깨셔서,
라우더(개 이름일세)를 보내,
주둥이 쩍 벌리고 들판을 돌아다니게 하셨네.
라우더가 들판으로 멀리 가면,
이 늑대 양은 다 자란 양이나 어린 양이나,
막 젖 뗀 양을 잡아먹거나,
그 먹이를 잡아 숲으로 쏜살같이 가곤했지.
로피 어른이 그놈의 노고를 치하하시기 까지,
오랫동안 그 놈은 이 약아빠진 속임수를 썼네.
결국 목자 어른은 그 술책을 알아채고,
(로피 어른은 현명하시고 아르구스의 눈을 하고 계시거든)
저녁에 양우리에 오셔서,
양들을 우리에 단단히 가두어 놓고,
모조 양털을 뒤집어 쓴 늑대를 잡아내어,
그놈 목구멍에서 양의 생명을 풀어주셨네.

호비놀

정말 디건, 당신 양이 어디에 있든 찾는 일이면.

그분이 무얼 두려워하시겠나?
그 놈 호흡기가 조금만 더 넓었으면,
수컷 암컷 할 것 없이 양들을 다 집어삼켰을 게야.

디건

불행이, 하느님의 엄청난 저주가 그분께 내렸네,
너무나 착하신 그분께는 더욱 더 안 좋은 일이었어.
무엇보다 늑대는 위험한 짐승이고,
또 목자가 부르는 소리도 알고 있었기 때문이야.
그 놈은 밤에 자주 양우리에 와서,
목자 어른인 것처럼,
쉰 목소리로 라우더를 불렀네.
개는 주인 목소리를 알고 있었지만,
반쯤 의심하며 문을 열고,
이전에 그랬듯이, 달려 나갔어.
예상보다 더 날쌔게 나가자마자,
늑대가 라우더의 가죽을 꽉 물었어.
만일 로피 어른이 그 소리에 달려가지 않았다면,
라우더는 그 놈에게 심지어 죽었을 수도 있었어.

호비놀

하느님, 신속히 자신의 의무를 다했으나,
일이 너무 나쁘게 커져가는 사람을 보호하소서.
늑대들이 자네가 말한 것과 같다면,
디건, 우리가 어떻게 그놈들을 알아보겠나.

디건

어떻게? 조심하고 경계해서,
그것들 술책을 미연에 방지하는 수밖에.
그러니 어떤 목자처럼 온종일
놀거나 자면 안 되지.
언제나 경계와 보호를 하며,
덮치는 폭력으로부터 양들을 지켜야 하네.

호비놀

아 디건. 추운 계절에 경계하며 기다리다니,
그 방법은 너무 혹독하네.
우리도 다른 사람들처럼 육신이 있는데,
왜 그런 불행에 얽매여야 하나?
무엇이든 때때로 휴식이 없으면,
한창 때라도 상하기 마련인데.

디건

아 한데 호비놀, 이 긴 이야기도,
나를 흩어 어지럽히는 근심을 조금도 달래주지 못하네.
어떻게 하지? 어느 길로 가야,
내 비참한 곤경과 손실을 보상할 수 있나?
아, 착한 친구 호비놀, 제발 부탁이니,
쓰러져가는 나를 도와주거나 충고해주게.

호비놀

디건, 자네가 불행한 재난에 빠져서,
내 진심으로 안됐네,
그렇지만 역풍의 운명이 내 낮은 돛을
늘 낮추고 있는 것을 자네도 알지 않나.
하나 내게서라면, 하느님께서 기뻐하시는 바대로,
자넨 곧 호의와 평안을 찾을 걸세.
그러니 자네가 내 오두막에 오면,
할 수 있는 한 자네를 편하게 해주겠네.
거기서 자넨 콩짚 침대에 누울 수 있네,
순풍의 운명이 그 모습을 보일 때까지 말일세.

디건

아 호비놀, 하느님께서 자네에게 갚아주시길 비네.

난 몇 안 되는 그런 친구들의 집에 늘 머물러왔네.

디건의 엠블럼

‘풍요가 나를 가난하게 만들었다.’

10월[106]

목가 10

•주제

이 목가는 커디를 통해 완벽한 시인의 모범을 제시하는데, 그는 생활과 시작(詩作)을 유지할 수 없어 시에 대한 경시와 그 원인들에 대해 불평한

[106] 전갈자리(오른쪽 위)인 10월은 커디의 시인으로서의 고뇌를 다루는데, 왼쪽에 커디가 팬 플루트를 손에 들고 있고 머리에는 계관시인의 상징인 월계관을 쓰고 있다. 그리고 뒤에는 시의 전당인 궁전의 모습이 보인다.

다. 무엇보다 시는 모든 시대를 통해, 심지어 가장 야만적인 사람들 속에서도, 언제나 뛰어난 인정과 영예를 받았고 실로 가장 가치 있고 찬양할 만한 기예(技藝)이다. 기예라기보다 시는 신성한 재능이요 하늘의 영감이며, 노력과 학식으로 얻어지는 것이 아니라 그 둘로 꾸며지는 것이며, 어떤 열정과 천상의 영감이 지성 속에 쏟아 부어지는 것이다. 이 점에 대해 시인은 『잉글랜드시인』[107]이라는 다른 책에서 전반적으로 이야기한 바 있는데, 나는 최근에 이 책을 입수했고, 그에게 출판하라고 하느님의 은총으로 더 충고할 마음이다.

피어스.

커디, 이게 무슨 꼴인가, 제발 수그린 머리를 들고,
이리 길게 질질 끄는 포이부스의 경주를
좇아가 지치게 만들 놀이나 찾아보세.
이전에 자네는 젊은 양치기들을,
운(韻)으로, 수수께끼로, 노래자랑으로 이끌더니,
이제 그 친구들과 자네는 잠자며 죽어있네.

---

[107] 스펜서의 이 작품은 현재 남아있지 않다.

커디

피어스, 예전에 열심히 정말 오랫동안 피리를 불었더니,
내 귀리 피리가 모두 갈라지고 닳아버렸네.
게다가 내 가난한 뮤즈는 모아둔 것을 다 써 버렸는데,
좋은 건 거의 없고 이득은 더욱 없네.
그렇게 놀다보니, 베짱이는 너무 가난하고,
너무 기력이 없네, 겨울은 압박해오는데.

고운 노래 지어 젊은이들의 상상을 키우고,
떼 지어 몰려드는 새끼 물고기들을,
무척 즐겁게 했네만, 내가 더 좋아진 게 뭐 있나?
그들에겐 즐거움이 있으나, 나에겐 보잘것없는 보상뿐이네.
내가 덤불을 치면, 새들은 그들에게 날아가니,
그게 내게 무슨 소용이 있나?

피어스

커디, 찬사가 대가보다 낫고,
영광 또한 이득보다 훨씬 더 크다네.
오 분별없는 젊은이들의 욕정을 좋은 충고로
다스리거나, 자네 재능이 주는 즐거움이
그들을 자극해, 유인된 그들의 의지를

자네 뜻 따라 이끄는 게 얼마나 영광스런 일인가.

자네가 노래를 짓기 시작하면 바로,
오 얼마나 많은 시골 사람들이 떼 지어 자네에게 몰려드나.
자네는 그들 영혼에서 감각을 앗아가는 듯,
마치 음악으로 지옥의 개[108]를 길들여,
플루토의 해로운 처소에서 허락 없이,
아내를 데려갔던 저 양치기[109] 같네.

커디

그래서 아기들이 공작새의 점박 무늬 꼬리를 찬양하고,
눈부신 아르구스의 이글거리는 눈들에 놀라는 게야.[110]
하나 그렇다고 누가 그에게 보답이라도 하는가?
혹 누가 한번이라도 그를 배불리 먹여주는가?
그렇듯이 찬사란 연기라, 하늘에서 증발해버리고,

---

[108] 지옥 하데스 입구를 지키는 머리가 세 개인 케르베루스를 가리킨다.

[109] 오르페우스. 뛰어난 음악적 재능으로 지옥의 신 플루토를 감동시켜 죽은 아내 유리디케를 지옥으로부터 구해내려고 했던 신화속의 음악가, 시인.

[110] 고전 신화에 의하면, 주노는 눈이 백 개인 아르구스에게 주피터와 그의 연인 이오를 감시하라고 명령했다. 그런데 머큐리가 그를 잠재워 죽이고 이오를 데려갔다. 주노는 아르구스를 기리기 위해 자신의 새인 공작 꼬리에 그 눈을 달아 놓았다고 한다.

그렇듯 말이란 바람이라, 곧 덧없이 사라져 버리네.

피어스

그러면 천하고 보잘것없는 시골뜨기 행세를 벗어버리고,
비천한 먼지에서 자네를 일으켜 세우게.
그래서 피비린내 나는 전쟁, 전투, 마상 창시합을 노래하며,
경외 받을 왕관을 쓴 저분들께로 향하게,[111]
존경받을 기사들께로. 그분들의 갑옷은 상한 구석 없이 녹슬어가고,
투구들은 패인 자국 없이 매일 갈색이 되어가네.

거기서 자네 뮤즈는 퍼덕이는 날개를 펼쳐,
동쪽에서 서쪽으로 널리 날 수 있네.
자네가 아름다운 엘리자에게서 노래거리를 찾고 싶거나,
더 장대한 음조로 노래하고 싶다면,
그녀가 가장 사랑하는 레스터 백작,[112]
나무에 묶인 흰곰 문장(文章)의 그분을 찬양하게.

---

[111] 즉 문학 장르상 서열이 낮은 목가시를 노래하지 말고 이제 문학의 최고봉인 서사시를 노래하라는 의미이다.

[112] 로버트 더들리(c. 1532-1588). 더들리는 엘리자베스 여왕의 어린 시절부터 오랜 친구로 여왕의 총애를 받은 귀족이며, 스펜서가 이 작품을 헌정한 시드니 경의 외삼촌이다.

아주 힘센 타격이 가하는 엄준한 일격을 노래하다가,
자네 현의 긴장을 다소 늦추어
사랑과 정열을 노래하고, 즐거운 노래를 크게 부르며
방앗간 일꾼 춤[113]을 이끌 수도 있네,
엘리자가 그 춤꾼 무리의 하나라 해도 말일세.
그러면 커디의 이름이 하늘에까지 울리게 될 걸세.

커디

사실, 로마의 티티루스가,
이전에 양 떼를 먹이며 때맞춰 곡식 소출 내려고,
땀 흘려 경작하던 농토를,
메카이나스 때문에 버리고,
전쟁과 죽음의 두려움을 자주 노래하니,
하늘도 그의 시를 듣고 떨었다고 들었네.[114]

---

[113] 무리지어 둥글게 추던 시골 춤.

[114] 여기서 티티루스는 초서가 아니라 베르길리우스이며. 메카이나스는 베르길리우스의 후견인이었다. 베르길리우스는 시인으로서 목가에서 시작하여 농경시, 그리고 로마와 황제 아우구스투스를 찬양한 서사시로 옮아가는 과정을 밟았다. 베르길리우스의 이 같은 시인 경력은 그와 같은 위대한 시인이 되기를 열망했던 르네상스 시인들이 밟아야 하는 필수 과정으로 간주되었다(E.K.).

그러나 아, 메카이나스는 흙을 옷 입고,
위대한 아우구스투스는 오래전에 죽었어.
또한 시인이 연주하기 맞갖은 소재인,
귀인들은 모두 납관에 들어 묻혔네.
그들은 용맹과 기사도로 영원히 존경받았고,
그들을 노래한 고매한 운율은 언제나 사랑받았었지.

그러나 영웅의 덕은 세월이 흘러 이울고,
강한 용맹심은 안락한 침상에 누웠네.
야심찬 시인들은 고대의 학식 깊은 시인 무리와,
경쟁할 가치가 있는 것을 하나도 찾을 수 없었어.
흘러넘치는 재능의 물줄기들은 멈추기 시작하고,
찬란한 영광은 수치스런 우리에 갇혀 있네.

만일 시의 꽃봉오리가 하나라도,
예전 가지에서 다시 싹트려면,
그 봉오리는 인간의 어리석음을 못 본 척해야 하거나,
음담패설 시들 속에서 뒹굴며 안식해야 하네.
혹 그 봉오리는 피더라도 다시 시들 수밖에 없어.
삼류시인 톰 파이퍼가 더 나은 노래를 짓지.

피어스

오, 비견할 데 없는 시여, 허면 그대의 자리는 어디인가,
군주의 궁정에 자리 잡지 않는다면?
(여전히 군주의 궁정이 시에 가장 적합하지)
비천한 신분의 사람은 그대를 품지 못하네.
그러니 날아오를 열망에 찬[115] 재능의 날개를 펼쳐,
그대가 태어난 하늘로 빠른 속도로 다시 날아가게.

커디

아, 퍼시 그렇게 높이 날아오르는 엄청난 비상을 하기에,
시는 너무 약하고 힘이 없네.
시의 조각조각 이은 날개가 이리 곤경에 처하지 않았다면,
콜린이 그런 비상에 맞갖을 것이네.
그가 사랑으로 그리 심한 악영향을 받지 않았더라면,
높이 올라 백조처럼 아름답게 노래했을 것이야.

---

[115] "aspiring"은 직업에서 승진을 열망하거나 야심이나 고매한 목적이 탁월하게 이루어지기를 열망하는 의미와, 날아오른다는 두 가지 의미를 가지고 있는데(OED), 여기서는 그 두 가지 의미가 결합되어 있다. 젊은 스펜서가 가지고 있던, 서사 시인으로서 탁월한 문학적 업적을 이루려는 열망과 잉글랜드 정부의 공직자로서 출세의 열망 둘 다를 표현하고 있다고 생각된다.

피어스

아 어리석은 친구, 사랑은 그에게 진정 높이 오르는 법을 가르치고,
역겨운 진창에서 빠져나오도록 그를 일으켜주는 것이네.
그가 흠모하는 것이 그런 불멸의 거울이라면,
사람의 정신을 별이 총총한 하늘 너머로 올려줄 것이야.
또 사랑은 비참한 정신이 열망에 차도록 하는데,
고매한 사랑은 저속한 눈길을 역겨워하기 때문이지.

커디

그 시인의 상황은 완전히 달라,
위풍당당한 사랑이 정말 무자비한 독재자라네.
그는 지배하는 곳에서 모든 힘을 쫓아내 버리네.
찬양받을 시는 텅 빈 정신을 요구하고,
뮤즈들은 성질 고약한 근심과 함께 살려고 하지 않지.
손에 실을 두 개 잡으면, 미련하게 엮기 마련이야.

누구든 중요한 보상을 얻고자 하고,
천둥같이 위협적인 말을 내뱉으려 생각하면,
잔은 넘치도록 채우고 음식은 적게 먹어야 하네,

바쿠스의 열매는 지혜로운 포이부스의 친구거든.[116]
그래서 뇌가 술로 인해 땀 흘리기 시작하면,
시구가 샘솟듯이 빠르게 흐르는 게야.

퍼시, 자네는 시구가 어떻게 휘몰아치는지 몰라.
오 내 관자놀이가 술로 색이 변하고,
야생 담쟁이덩굴로 엮은 관[117]을 쓴다면,
내가 뮤즈를 웅장한 무대 위에 올려,
그녀에게 멋진 높은 장화 신고, 무장한 이상한 벨로나[118]와
함께 걷는 법을 얼마나 잘 가르칠 수 있겠는가.

그런데 아 내 감정이 뜨거워지기도 전에 식으니,
우리 이 소박한 그늘에 만족하세.

---

[116] 왜냐하면 술은 시를 짓는 능력을 자극하기 때문이다(박쿠스는 술의 신이었고 포이부스 아폴로는 뮤즈들을 인도하였다)(E.K.).

[117] 담쟁이덩굴은 바쿠스에게 헌정된 식물로, 바쿠스 제사장들은 축제 때 그것으로 만든 관을 썼다.

[118] 벨로나는 전쟁의 여신. 벨로나 혹은 팔라스는 주피터의 머리에서 솟아나왔기 때문에 여기서 시인은 "이상한 벨로나"라고 칭한다(E.K. 주석 요약). 또 뮤즈가 장화를 신는다는 것은 고대 비극작품들에서 시인이 장화를 신고 등장했던 것을 가리키는데, 여기서 비극, 비극작품을 의미한다.

그런 혼란스런 시류가 우리를 괴롭히지 않는 곳,
여기서 안전하게 우리는 가는 피리로 노래를 부를 수 있네.

피어스

그리고 내 염소가 새끼를 낳으면,
커디 자네에게 농장을 채울 새끼를 한 마리 주겠네.

커디의 엠블럼

'우리 안에 신이 있으니, 그가 휘저으면 우리는 빛난다.'

11월[119]

목가 11

•주제

이 열한 번째 목가에서 시인은 어느 위대한 혈통의 아가씨의 죽음을 큰 소리로 슬퍼하는데, 그녀의 이름은 디도이다. 내가 자주 그에게 그녀에 대

[119] 11월은 궁수자리(왼쪽 위)의 달인데, 왼쪽에 교회로 가는 장례 행렬이 보이고, 나무들은 잎이 모두 떨어져 황량하며, 양들은 모두 고개를 숙이고 디도의 죽음을 슬퍼하는 듯하다. 테놋이 죽음의 슬픔을 훌륭하게 노래한 콜린에게 월계관을 씌우려 한다.

해 물어보았으나 비밀에 붙여, 나도 그녀에 대해서 전혀 알지 못한다. 이 목가는 프랑스 여왕 로이스의 죽음에 관해 지은 마로의 노래를 모방하였다. 그러나 이 목가는 그의 노래보다 훨씬 낫고, 내 견해로는 이 책의 다른 모든 목가보다 뛰어나다.

테놋

여보게, 콜린, 전에는 즐거운 노래를 부르더니,
언제 노래할 마음이 들려는가?
자네 뮤즈가 너무 오래 슬픔 속에 잠자고,
사랑의 그릇된 인도로 잠잠히 잠들어있네.
이제 노래 좀 하게, 사랑하는 아가씨를 찬양하든,
보다 고고한 풍의 찬가로 판 신을 공경하든,
자네가 부르는 그 노래에 대한 기억은,
양치기들 사이에 영원히 남을 걸세.

콜린

테놋, 지금은 기뻐 흥에 겨울 때가 아니야.
판 신을 찬양하거나 사랑을 가지고 놀 때가 아니네.
그런 유쾌함은 5월이나,
여름날 건초더미 아래 그늘에서나 어울리네.

한데 지금은 음울한 겨울이 낮을 흐리게 하고,
포이부스는 연중 과업에 지쳐,
말들을 남쪽 낮은 곳 마구간에 넣고,
물고기를 담은 고리버들 바구니 속에 숙소를 정했네.[120]

이런 음울한 계절은 더 우울한 분위기를 요구하고,
자네가 찬양하는 그런 기쁨은 질색한다네.
슬픔에 찬 뮤즈는, 젊은 시절 여름날에 하듯,
그런 유쾌한 탈을 지금은 쓰고 싶어 하지 않아,
한데 자네가 가벼운 노래와,
아주 분방한 사랑 노래를 원하면,
자네 말고 누가 그런 시인으로 찬양받겠나?
오랫동안 잠자는 자네 귀리 피리나 다시 잡게.

테놋
나이팅게일이 노래의 군주이니,
그 앞에서는 박새도 침묵하지.

---

[120] 태양은 11월 내내 물고기자리를 다스린다. 고리버들 바구니는 물고기를 담아 운반할 때 사용된다(E.K.).

게다가 콜린이 내 허접한 시들을 평가한다면,
나는 재주꾼들 무리에 끼기에 어울리지 않네.
그렇지, 학식 많고 뮤즈의 샘물을 마신
이들에게 배우는 게 낫지.
이슬은 친절하게도 보다 높은 나무에서 떨어져
낮은 곳에 사는 작은 식물들을 적시는 법이야.

한데 음울한 겨울의 노여움과 냉랭한 계절이,
자네 뮤즈의 흥과 어울리지 않으면,
자네 피리를 보다 슬픈 때에 맞춰
슬픔을, 죽음의 스산함을 노래해도 되네.
디도가 죽었어, 슬프게도 물에 빠져 죽었네,
위대한 양치기의 눈부신 딸, 디도가.
누구보다 아름다운 아가씨였고,
내 알기로, 자기 닮은 딸도 남기지 않았어.

만일 자네가 내 비통함을 시로 큰 소리로 슬퍼해주면,
저기 내가 애지중지 키운 양을 자네 노고의 대가로 줌세.
자네 운율이 로잘린드에 관한 한탄의 노래처럼
완벽하고 애잔하면 말일세,

그러면 자네는 내가 애지중지하는 새끼 양보다,
훨씬 더 많은 선물을 보상으로 얻을 게야.
그러니 사람좋은 양치기 친구, 일어나게,
내 사소한 요구를 너무 무시하지 말게.

콜린

테놋, 자네가 부추기니 하기는 하네만,
아, 난 내 재주가 얼마나 보잘 것 없는지,
내 운율이 얼마나 너덜거리고 투박한지 너무 잘 아네.
하지만 재주 닿는 대로, 시를 지어 보겠네.

그러니 멜포메네,[121] 아홉 뮤즈들 중 가장 슬픔에 잠긴 뮤즈여,
이전에는 결코 이렇게 죽음을 슬퍼할 이유가 없었어라.
무시무시한 망령들이여 일어나라, 내 구슬픈 운(韻)이여 일어나라,
이제 너는 더 이상 기쁜 일을 노래하지 않으리라.
이전에 너를 기쁘게 하던 그녀가 죽었으니.
　　사랑하는 디도가, 아, 죽었구나,
　　죽어 납관에 들어 묻혀있구나.

---

[121] 베르길리우스에 의하면, 비극에서 시인이 사용하는 슬프고 비통한 뮤즈 E.K.).

오 무거운 장례식이여,
흘러내리는 눈물아 가득 쏟아져 내려라.
오 근심 가득한 시가(詩歌)여.

켄트 언덕에서 양 떼 곁에 머무는 양치기들아,
큰 소리로 구슬피 울어라, 자연의 작품이 이렇게 허망하게 사라지니.
큰 소리로 구슬피 울어라, 우리 사람에게, 살아있음이 자랑이었음을.
큰 소리로 구슬피 울어라, 우리 사람에게, 죽음이 근심인 것을.
온 세상에 태양이 흐리고 어둡구나.
대지는 이제 평소의 빛을 잃어버리고,
우리는 모두 죽음 같은 밤 속에 살아가노라,
오 무거운 장례식이여,
우리는 종다리처럼 소리 높여 노래하던 피리를 부수노라,
오 근심 가득한 시가여.

우리는 왜 더 오래 살고 있나 (아니 왜 이리 오래 살고 있나),
죽음이 우리의 더 좋은 날들을 슬픔 속에 가두었는데?
우리 화관에서 가장 아름다운 꽃이,
완전히 시들어 먼지가 되어 버렸구나.
양치기 딸들아, 콜린이 디도를 찬양하며 지은 노래를

이제 더 이상 노래하지 말고,
너희의 실없는 장난기 섞인 노래를 울음으로 바꾸어라,
오 무거운 장례식이여,
지금은 죽을 때, 아니 이미 죽었어라.
오 근심 가득한 시가여.

어찌하여, 들판의 작은 꽃은 시들어
겨울의 비참 속에 오랫동안 묻혀 있다가,
봄이 그 겉옷을 펼치면 곧,
결코 시든 적이 없었던 듯 새롭게 피는가?
하나 땅에서 가장 쓸모 있는 것,
덕의 나뭇가지와 미(美)의 봉오리 같은 것은,
그 무엇으로도 다시 살지 못하노라.
오 무거운 장례식이여,
일단 가지가 죽으면, 봉오리 또한 사라져야 하네,
오 근심 가득한 시가여.

디도는 살았을 때, (살았었다, 꺼내기도 슬픈 말이라)
아름다움에 관한 찬사나 기쁨에 있어 견줄 자 없었어라.
그녀는 떡과 구운 과자와 그런 시골 잔치 음식으로,

양치기들을 아주 잘 대접했었네.
시골 양치기들을 무시하지 않고,
　　그들을 자주 집으로 불러,
　　굳은 우유와 엉긴 크림을 주었지.
　　　　오 무거운 장례식이여,
그녀는 콜린 클라우트도 한 번도 무시하지 않았네.
　　　　오 근심 가득한 시가여.

하나 이제 그런 행복한 기쁨은 암울한 상황으로 변하고,
이제 그런 즐거움은 슬픔에게 두들겨 맞아 쫓겨났네.
모든 음악은 잠들고, 그곳에는 죽음이 춤을 인도하며,
양치기들이 늘 누리던 위안은 절멸했네.
푸른색은 검정으로, 초록은 회색으로 물들고,
　　화려한 화관들이 그녀의 무덤을 꾸미고,
　　시든 꽃들이 그녀의 주검을 아름답게 꾸미네.
　　　　오 무거운 장례식이여,
이제 죽음을 슬퍼하라 뮤즈여, 이제 눈물뿌리며 죽음을 슬퍼하라.
　　　　오 근심 가득한 시가여.

오 위대한 양치기 로빈,[122] 자네 슬픔이 얼마나 큰가,
디도가 자네를 위해 꾸민 꽃다발들,
꽃송이들로 엮은 색색의 꽃관들,
갈대로 매듭지은 반지[123]와 금박 바른 로즈마리, 모두 어디 있나?
그녀는 자네 위해서라면 너무 귀해 쓰지 못할 것이 없다 여겼네.
아 그것들은 모두 흙으로 옷 입고,
한 번의 격렬한 폭발은 모든 것을 날려버렸네.
오 무거운 장례식이여,
그 모든 것에 관해 기억 외에는 그 무엇도 남지 않았어라.
오 근심 가득한 시가여.

아 음울한 죽음이 세상에 너무도 치명적인 타격을 가해,
어머니 자연의 자연스런 과정을 망쳐 놓았구나.
마른 잎들은 높이 솟은 떡갈나무에서 떨어지고,
강들은 그 수원이 말라 헐떡이누나.
눈물의 강이 당연히 그들 대신 흐르는구나.
겉옷 두른 목장은 죽음을 슬퍼하며,

122 이 케이는 로빈이 디도의 연인이요 친구일 것으로 추측하고 있다.
123 갈대 반지는 비공식적이거나 임시로 거행한 결혼식에서 쓰이던 반지이다.

그 여러 가지 색이 변해버렸구나.
오 무거운 장례식이여,
하늘은 녹아내려 회한 없이 눈물 흘리네.
오 근심 가득한 시가여.

들판에 힘없는 양들은 전에 먹던 먹이를 거부하고,
우는 법을 배우려는 듯 고개를 숙이네.
길 잃은 양을 쫓는 늑대들 외에,
숲의 짐승들은 미친 듯 울부짖네.
이제 그들을 안전하게 지키던 그녀는 가버렸어라.
잎 떨어진 가지 위에서 멧비둘기는
죽음이 찌른 상처를 큰 소리로 슬퍼하네.
오 무거운 장례식이여,
필로멜라[124]는 눈물로 노래를 적시노라.
오 근심 가득한 시가여.

물의 님프들, 그녀와 함께 노래하고 춤추며,
그녀의 화관을 엮으려 올리브 가지를 가져오더니,

[124] 나이팅게일(E.K.). 주 99 참조.

이제 해로운 삼나무 가지를 가지고 나아가누나.
뮤즈들은 푸른 월계수 잎들을 머리에 쓰더니,
이제 쓴 딱총나무 가지들을 가져와 태우는구나.
운명의 여신 자매들 또한 후회하노라,
그녀의 생명실을 너무 빨리 자른 것을.
오 무거운 장례식이여,
이제 죽음을 슬퍼하라 뮤즈여, 이제 무거운 기색으로 죽음을 슬퍼하라.
오 근심 가득한 시가여.

오 믿을 수 없는 세상일, 죽을 운명의 인간이 가진
너무나 미끄러운 희망, 아무것도 아닌 일에 애쓰며 땀 흘리고,
멀리 쏘아보지만 과녁을 빗나가는구나.
이제 나는 배웠네(비싼 값을 치른 교훈일세)
지상에서 추구할 확실함이란 없음을.
그녀의 주검이 묻힌
흙무덤 속에 무엇이 있을지,
오 무거운 장례식이이여,
그 주검이 실려 가는 상여에서 나는 보았네,
오 근심 가득한 시가여.

하나 죽음과 무서운 자매들[125]의 치명적인 악의와,
지옥의 문들과, 불같은 복수의 여신들의 힘에도 불구하고,
그녀는 영원한 밤의 사슬을 부수고,
그 영혼은 무거운 짐을 지운 주검에서 벗어났도다.
그러니 로빈, 자네 왜 그리 내내 울고 있나?
오 로빈, 더 이상 자네의 상실에 슬피 울부짖지 말게,
디도는 죽었으나 하늘에 올림 받았네.
오 복된 장례식이여,
이제 멈추어라 뮤즈여, 슬픔을 멈추어라,
오 기쁨 가득한 시가여.

그러니 우리가 왜 슬퍼하는가? 왜 한탄으로 신들을 지치게 만드는가,
마치 어떤 악이 그녀에게 일어난 듯이?
이전에 양치기들의 빛의 성인이었던 그녀는
지금은 하늘 높이 자리를 잡고,
지금은 성인들 사이에 여신으로 다스리노라.
나는 보노라, 그대의 복된 영혼이, 나는 보노라,
엘리시움 들판을 진정 자유로이 걷고 있는 것을.

---

125 운명의 세 여신들.

오 복된 장례식이여,
내가 다시 한 번 그대에게 갈 수 있다면(오 그럴 수 있다면)
오 기쁨 가득한 시가여.

무엇이 좋고 나쁜지 알고 싶은 어리석고 비참한 인간들,
우리는 죽음을 나쁜 벌이라 판단한다네.
하나 우리 바보들이, 죽음이 무엇을 가져오는지 안다면,
그것을 한번 체험하려 매일 죽으려 할 것이라.
죽음에는 양치기가 모르는 새 일어나는 위험이 없어라.
아름다운 들판, 즐거운 풀밭이 그곳에 있나니,
영원히 싱그러운 들판, 영원히 푸른 풀이 있나니.
오 복된 장례식이여,
양치기들아 얼른 그리로 발길을 돌려라,
오 기쁨 가득한 시가여.

디도는 먼저 가서 (다음은 누구 차례인가?)
그곳에서 복된 신들과 더없는 행복 속에 살고,
암브로시아를 섞은 넥타를 마시며,
죽을 운명의 인간들이 그리워하는 기쁨을 누리노라.
이곳 땅에 사는 동안,
가난한 양치기들의 자랑이었던 그녀,

이제 최고신들의 영광이로세.
오 복된 장례식이여,
내 노래여 이제 멈추어라, 내 서러운 슬픔 이제 다했어라,
오 기쁨 가득한 시가여.

테놋

아 아 진솔한 양치기 친구, 자네 시가
슬픔에 찬 기쁨과 정말 잘 어우러져서, 큰 고통으로
내가 즐거운 건지 슬픈 건지 잘 모르겠네.
애지중지하는 내 양은 자네 것, 당연히 자네 것이야.
콜린 일어나게, 충분히 죽음을 슬퍼했네,
이제 빗방울이 떨어지기 시작하니, 빨리 집으로 가세.

콜린의 엠블럼

'죽음은 물어 뜯지 못한다.'[126]

---

[126] 코린트 전서 15장 55-56절 참조. "55 죽음아, 너의 승리가 어디 있느냐? 죽음아, 너의 독침이 어디 있느냐? 56 죽음의 독침은 죄이며 죄의 힘은 율법입니다."

12월[127]

목가 12

•주제

『양치기의 달력』은 (처음에 시작한 것처럼) 판 신에게 하는 콜린의 한탄으로 끝맺는다. 이 달 목가에서 콜린은 이전의 노래 방식에 싫증을 내어,

127 염소자리(가운데 위)인 12월의 목판화는 나이 들고 지친 듯한 콜린이 양손으로 양치기 지팡이를 잡은 채 다가오는 죽음을 맞이하는 모습을 보여준다.

자신의 삶을 일 년 사계절에 비유하는데, 활기 넘치고 사랑의 어리석음에서 자유로웠던 소년 시절을 봄에 비유한다. 그의 성년은 여름에 비유되고, 여름은 혜성이나 불타는 별로 인해 엄청난 열기와 지나친 가뭄으로 소모되는데, 그가 말하는 여름은 사랑을 의미하며, 사랑의 열정은 흔히 여름의 불길과 무절제한 열기에 비유된다. 그의 중년은 열매들이 익기 전에 떨어지는 철 이른 추수와 닮았다. 그의 마지막 시기는 춥고 얼음 어는 시절인 겨울과 닮았으며, 이제 그는 삶의 끝에 가까이 다가간다.

양치기 양반이, 어느 샘가
우거진 찔레 숲 그늘에 앉아 있으니,
피리 잘 불고 노래 잘하는 콜린이라,
티티루스[128]에게 노래를 배웠기 때문이네.
　　그는 남이 모르는 외진 그늘에 홀로 앉아,
　　애처로운 사랑의 슬픈 탄식을 이리 시작하였네.

오 지존하신 판, 모든 양치기들의 신,
우리의 여린 어린 양들 지켜주시고,

---

[128] 여기서는 초서를 말한다(E.K.).

우리의 양 떼가 행여 잘못에 빠지면,
조심성 없는 양을 나쁜 짓에서 건져주시며,
그 주인들 또한 양들 못지않게,
지키고 돌보시는 분이시여,

청하오니 (그러니 부디 들어 주소서,
제가 양치기의 귀리 피리에 맞춰 촌스러운 노래나,
혹 당신의 상상을 즐거움으로 채울 수 있는
그런 맑은 소네트를 노래하면)
당신 정원의 푸르른 정자에서,
근심 가득한 콜린의 시골 노래에 잠시 귀 기울이소서.

예전 소년 시절, 즐거움 가득히 나의 봄이 꽃피던 때,
나는 날랜 제비처럼 여기저기 돌아다녔네.
조심성 없는 욕정의 열기가 나를 몹시 찔러대어,
무서운 위험도 두렵지 않았기에.
황량한 숲과 드넓은 삼림에도 갔었네,
갑자기 보게 될 늑대도 두려워하지 않고.

어지러이 갈래진 덤불 속을 돌아다니며,
내게 크리스마스 놀이가 될 견과들을 모으곤 했네.[129]
그리고 떨고 있는 수사슴을 쫓거나,
겁 많은 토끼를 길들일 때까지 자주 즐거운 사냥을 했네.
　　겨울의 황량한 시절을 마음에 두지 않고,
　　나는 내 봄이 늘 이어지리라 여겼네.

얼마나 자주 울퉁불퉁한 참나무를 타고 올라가,
까마귀를 둥지에서 꺼냈었던가,
얼마나 수없이 위풍당당한 호두나무를 쳐서
지치게 하였던가, 그동안 다들 나무 아래서
　　호두 줍느라 싸움이 벌어져 있었지.
　　그런 일들이 나에게 자유와 생명이었네.

참으로 허랑하던 그 시절이라,
(뮤즈가 태어날 때부터 나를 그렇게 만들었건,
내가 또래 친구 양치기들을 너무 믿었건 간에)
노래와 시의 기쁨에 마음을 좀 빼앗기니,

[129] 서양에서는 크리스마스 날 여러 가지 견과들을 먹는 전통이 있다.

좋은 양치기 레노크[130] 어른이
내 시적 기량이 더 뛰어나게끔 가르치셨네.

이후 나는 들에서 늘 양치던 양치기들과,
용기 내어 노래자랑을 하니,
만일 호비놀의 평가가 바르다면,
나는 판의 피리 솜씨에 뒤지지 않았어라.
님프들이 몰려들어 판을 쫓아가면,
더 지혜로운 뮤즈들은 나 콜린을 뒤쫓아 달려왔기에.

하나 아 그런 긍지가 결국 제대로 보답 받지 못하고,
양치기의 신[131]이 (사실 그는 신이 아니었네)
해로움 없는 내 놀이를 호되게 나무라니,
나는 자유를 잃고, 내 인생은 신음하게 되었네.
사랑이라 불리는 그가 나에게 장군을 불렀으니,[132]
그를 미움이라 이름 붙이는 것이 더 나으리라.

---

[130] 아마도 스펜서가 다녔던 머천트 테일러 학교의 교장이었던 리처드 멀카스터를 지칭.
[131] 큐피드.
[132] 장기에서 상대편의 궁을 잡기 위해 수를 놓을 때 하는 말로, 즉 나를 이겼으니.

이제 사랑스런 나의 봄은 작별을 고하기 시작하고,
여름이 서둘러 이글이글 불길을 드러내어
(그때 사랑은 사자자리에 머물러)
사랑의 불꽃을 지폈네.
혜성은 자연을 거스르는 열기를 일으키고,
그 열기는 (사람들 말대로) 비너스 자리에서 다스렸네.

방황하던 길에서 선택해야 했을 때,
이전과 달리, 나는 이끌려 다녔네.
운명과, 굴레를 씌우지 않은 사랑의 지식이
나를 이끌어, 욕망의 재갈을 물고
놀도록 데리고 가는 곳으로.
덤불이 내 침상, 가시밭이 내 침소였으니,
숲들이 그 슬픔 가득한 수많은 폭풍우들을 증언할 수 있네.

밀랍 틀 속에 대칭을 이룬 벌집 구멍 속에 일하는
꿀벌을 찾아다니곤 하던 데에서,
나는 무서운 독버섯과 혐오스런 두꺼비들이
주군처럼 앉아있는 것을 볼 수 있었네.
새들의 지저귐을 자장가 삼아 내가 잠들던 곳에는,

섬뜩한 올빼미가 그의 슬픔에 젖은 숙소를 지키고 있었네.

그러자 봄은 더 나이 든 시간에 자리를 내주고,
여름의 자랑거리인 열매를 생산하니,
내 시절 또한 이제 어린 시절 전성기를 지나고,
나는 보다 성숙한 사리에 맞는 일들에 마음을 썼네.
그래서 내 양들과 내가 수치스럽지 않을 만하게,
보다 가벼운 목재로 양우리를 만드는 그런 일을 배웠네.

나이팅게일을 위해 근사한 새장들을 만들고,
골폴 바구니를 엮는 것이 내 일과였네.
갯버들 엮어 물고기를 잡거나,
해롭지 않은 짐승 사냥에 누가 나보다 나았던가?
나는 하늘의 징후들, 포이비가 어떻게 이울어 월식이 일어나는지,
금성 비너스가 언제 어디 자리 잡는지를 배웠네.

시련의 시간은 내게 더 큰 일들을 계속 가르쳤네,
조수간만으로 갑자기 불어난 바닷물에 대해,
새들 날갯짓으로 치는 점술에 대해,
독도 되고 약도 되는 약초들의 효능에 대해,

어느 것이 불안한 양을 격하게 하고,
어느 것이 영원한 잠을 자게 하는지를 가르쳤네.

하나 아 아둔한 무지렁이 콜린 클라우트,
많은 식물들의 숨은 성질은 알아도,
네 아픈 마음 뿌리를 낫게 하는 것은 하나도 모르니,
그 곪은 상처는 계속 피를 흥건히 흘렸어라.
왜 여전히 살아 아직 죽음의 상처를 가지고 있는가?
왜 여전히 죽은 채 아직 살아 있는가?

그렇듯 내 여름은 헛되이 닳아 없어지고,
그렇듯 내 추수는 너무 일찍 서둘러 하게 되었네.
이전에 고왔던 봉오리는 그을어 상하고,
내가 희망한 모든 이익은 손실로 변했네.
젊은 시절 뿌렸던 모든 씨는,
베어버릴 고사리들과 검은 딸기나무들로 자랐네.

내 가지들은 처음에 꽃들로 관을 쓰고,
참으로 많은 양의 제철 열매를 약속했는데,
이미 헐벗고 열매도 없이 남아있네.

날 으쓱하게 했던 과일들은 이미 땅에 떨어져,
향긋하게 반도 익기 전에 썩어버렸네.
추수는 망하고, 희망은 깡그리 죽어버렸네.

정원에 자라던 향기로운 꽃들은,
오래 전에 딴 것처럼 시들어버렸네.
그 뿌리들은 이슬이 없어 다 말라버렸으나,
이따금 눈물의 이슬로 젖었네.
아 누가 나의 로잘린드에게 이런 앙심을 품어
그녀의 화관을 장식할 꽃들을 망쳐놓았나?

예전에 나는 양치기들 잽싼 발들에 맞춰,
피리를 불곤 했는데,
이제 그런 어리석은 짓은 너무 익어서 모아들이니,
썩고 맛없어져 내버렸네.
너무 허랑한 아가씨는 더 이상 기쁘게 할 마음이 없고,
한 사람을 기쁘게 한다면 나는 그것으로 족하리.

이렇게 나는 추수에 건 모든 희망에서
근심이란 잡초 무성한 수확만을 거두었네.

그것을 단으로 가득 묶어 까불리니,
옥수수는 껍질을, 귀리는 겨를 맺었네.
　　곧 겨에 부채질을 하니,
　　흔들리는 바람에 모든 것이 날아 가버렸네.

이제 내 세월은 마지막 시기에 가까워지고,
봄은 다했고, 여름은 다 타버렸네.
수확은 서둘러 가혹한 겨울을 불러오니,
겨울은 혹독한 분노로 제 권리를 주장했네.
　　그래서 지금 겨울은 거센 폭풍우를 휘몰아치고,
　　그래서 지금 불어 닥치는 겨울바람이 해안마다 헤집고 있네.

근심 가득한 추위는 내 질긴 살갗을 물어뜯고,
노년은 내 얼굴에 깊은 고랑을 파놓았네.
나는 내 머리에 허연 서리 뿌려지고,
내 눈가에 까마귀 발톱 자국이 난 걸 알았네.
　　기쁨은 잠자리에 들고 즐거움은 지나가,
　　이제 해는 빛나지 않고 구름이 온통 낮게 드리웠네.

자 양치기들아 즐거운 놀이를 그만두게,

내 뮤즈는 목이 쉬고 이 불행한 시절에 지쳤네.
여기 이 나무에 내 피리를 걸어놓으리라,
갈대 피리도 결코 이보다 더 좋은 소리를 내지 못했지.
　　겨울이 오니, 매서운 바람 강하게 불고,
　　겨울 뒤에 음울한 죽음이 서둘러 오누나.

내 어린 양 떼를 함께 모아 주게,
내게 너무 소중했던, 내 어린 양 떼를.
매서운 겨울이 양들에게 더 큰 슬픔을 심어주기 전에,
내가, 아 내가 이들을 우리에 넣으리라.
　　겨울이 와서, 매서운 바람이 불어대누나.
　　그리고 겨울 뒤에 때맞춰 죽음이 오누나.

잘 있거라 기쁨들아, 자장가 되어 나를 잠재웠지.
잘 있게 내 소중한 이여, 나는 당신 사랑을 너무 비싸게 샀었소.
잘 있거라 내 어린 양들과 사랑하는 양들아.
잘 있거라 너희 숲들아, 나를 자주 목격한 증인들이었지.
　　잘 있게 좋은 친구 호비놀, 참으로 진실한 사람,
　　로잘린드에게 전해주게, 그녀의 콜린이 작별을 고한다고.

콜린의 엠블럼[133]

[133] 스펜서는 마지막 달 12월에 아무런 엠블럼을 달지 않았다. 이 케이는 이에 대해 호라티우스와 오비디우스를 인용하여, 모든 것은 사라지기 마련이고 시는 남는다는 긴 주해를 달았으나, 옮긴이는 스펜서의 의도를 살려 주해를 달지 않았다.

맺음시

보라, 나 여기 매 해를 위한 달력을 만들었으니,
그 강도는 강철보다, 그 인내는 시간보다 오래 가리라.
내가 만일 별들의 운행을 잘 나타냈으면,
달력은 세상이 녹아 없어질 때까지 이어지리라.
순박한 시골 양치기에게 양 치는 법을 가르치고,
우리에 든 양 떼를 사기꾼의 사기로부터 보호하는 법을 가르치러,[134]
가라 작은 달력아, 통행 허가증을 가졌으니,
아주 누추한 무리 가운데 낮은 문에만 들어가거라.
네 피리를 티티루스[135]의 풍류와 감히 겨루지 말고,
농부가를[136] 잠시 노래한 순례자와도 감히 겨루지 말라.

---

[134] 이 행의 영어 원문 "And from the falsers fraud his folded flocke to keep."에는 파열음 /f/가 다섯 개나 있어, 허무하게 혹은 아쉽게 혹은 안타깝게 빠져나가는 소리가 강조되고 있다. 이는 사기꾼의 거짓에 속아 넘어가기 쉽고 다치기 쉬운 양들이 처할 위험성을 시사한다. 그리고 5행과 6행의 'sheepe' 'keepe'의 2행 연구의 막고 닫는 소리는 마치 양우리의 문이 안전하게 닫히는 듯한 느낌을 준다. 이렇게 이 행들의 음악적 효과는 양들을 보호하는 법을 가르치는 이 작품의 의미와 긴밀하게 연결되어 있다.

[135] 초서.

[136] 『농부 피어즈』의 저자 윌리엄 랭런드를 가리키는 듯하다.

하나 멀찍이 떨어져 뒤따르며, 그들의 높은 발걸음을 우러러 보아라.
즐거움을 줄수록 멸시는 더욱 심하니, 나는 그 이상 요구 않으리라.

가격이 아니라 물건으로 판단하라.

■ 에드먼드 스펜서(Edmund Spenser) 연보

?1554 확실하지는 않으나 추정되는 출생연도. 아마도 런던에서 출생.

? - 1569 머천트 테일러 학교(Merchant Taylor's School)에 다녔다.

1569 얀 반데르 눗트(Jean Van der Noot)가 출판한 『속인들을 위한 극장』(*Theatre for Worldlings*)에 스펜서가 학생으로서 번역한 작품들이 포함되었다.

캠브리지 대학교 펨브로크 홀(Pembroke Hall, Cambridge) 에 장학생(sizar)으로 입학. 그가 받은 장학금은 다른 학생의 시중을 들고 받는 장학금이었다.

펨브로크 홀에 재학 시절 스펜서는 교수였던 가브리엘 하비(Gabriel Harvey)와 깊은 우정을 맺게 된다.

1573 캠브리지 대학교 펨브로크 홀에서 학사학위.

1576 캠브리지 대학교 펨브로크 홀에서 석사학위.

1578 펨브로크 홀의 학장을 역임한 적이 있는 로체스터 주교 존 영(John Young, Bishop of Rochester)의 비서로 재직하였다.

1579 『양치기의 달력』(*The Shepheardes Calender*) 출간. 필립 시드니 경(Sir Philip Sidney)에게 헌정하였다.

1580 아일랜드 총독으로 임명된 그레이 경(Lord Grey)의 비서로 아일랜드로 떠남. 이후 스펜서는 18년 동안 아일랜드에 머물게 되며 잉글랜드 정부가 파견한 공무원으로서 여러 가지 직무를 수행하였다.

1589 스펜서가 소유하고 살았던 아일랜드 뮨스터 지방 킬콜만 성(Kilcolman

Castle, Munster, Ireland)에 이웃한 영지를 소유했던 월터 롤리 경(Sir Walter Raleigh)과 함께 잉글랜드를 방문. 롤리경은 스펜서를 엘리자베스 여왕의 궁에 소개하는 후견인 역할을 하였다.

1590 서사시 『페어리 여왕』(*The Faerie Queene*) 첫 세 권 출간. 스펜서는 롤리 경의 소개로 엘리자베스 여왕을 알현하고 이 작품을 여왕에게 헌정하였다. 여왕은 그에 대한 보답으로 50파운드의 연금을 하사하였다.

1591 『한탄가』(*Complaints*) 출간.

이 시집에는 스펜서가 번역한 페트라르카(Petrarch)와 프랑스 작가 뒤 벨래이(Du Bellay)의 작품들도 포함되어 있다.

1592 비가 『다프나이다』(*Daphnaida*) 출간. 이 작품은 헨리 하우워드 경(Henry Lord Howard)의 딸 더글라스 하우워드 (Douglas Howard)의 죽음에 관한 작품이다.

1594 두 번째 부인 엘리자베스 보일(Elizabeth Boyle)과 결혼. 1579년 경 스펜서의 이름과 유사한 철자의 인물이 마카비야스 차일드(Machabyas Childe)라는 여자와 결혼했다는 기록이 있으나 확실하지는 않다, 그 기록이 맞으면 첫 부인은 이후 어느 시기에 사망하고 스펜서는 아일랜드에서 두 번째 결혼을 한 것으로 추정된다.

1595 엘리자베스에 대한 구애과정을 노래한 소네트 연작(sonnet sequence) 『아모레티』 (*Amoretti*)와 그들의 결혼을 노래한 『축혼가』(*Epithalamion*) 출간.

『콜린 클라우트의 귀향』(*Colin Clouts Come Home Againe*) 출간. 이 작품은 스펜서가 잉글랜드를 방문한 후 궁정의 세태에 대해 느낀 환멸과 불만을 담고 있다.

『아스트로펠』(*Astrophel*) 출간. 이 작품은 1586년 네덜란드 줏트펜(Zutphen)에서 전사한 필립 시드니 경의 죽음을 슬퍼하는 목가적 비가

이다.

1596 『페어리 여왕』의 후반부 세 권과 『네 개의 찬가』(*Fowre Hymnes*), 『결혼 예비 축가』 (*Prothalamion*) 출간.

1598 잉글랜드 식민통치에 반대하는 아일랜드 인들의 봉기가 일어나면서 킬콜만 성이 불타고, 스펜서는 잉글랜드로 귀환.

1599 잉글랜드로 돌아온 지 얼마 되지 않은 1월 13일 스펜서 사망.

1609 「변화의 노래」("Cantos of Mutabilitie") 두 편이 스펜서 사후 발견되어 『페어리 여왕』과 함께 출간.

1633 『아일랜드 현 상황에 대한 견해』(*A vewe of the present state of Irelande*) 출간. 스펜서는 이 산문에서 아일랜드 개혁의 필요성에 대해 여러 가지 측면에서 논하고 있다.